刘伯承与小叶丹



31 读·党史
第31辑

# 刘伯承与小叶丹

杜琅 /编

中共党史出版社

**图书在版编目(CIP)数据**

刘伯承与小叶丹/杜琅编 .—北京:中共党史出版社,2017.2
(2022.7 重印)
(读·党史)
ISBN 978-7-5098-3794-8

Ⅰ.①刘… Ⅱ.①杜… Ⅲ.①刘伯承(1892—1986)—生平事迹
②小叶丹(1894—1942)—生平事迹 Ⅳ.①K825.2

中国版本图书馆 CIP 数据核字(2017)第 020524 号



**出版发行**:中共党史出版社
**责任编辑**:王 媛
**责任校对**:龚秀华
**责任印制**:谷智宇
**社 址**:北京市海淀区芙蓉里南街6号院1号楼
**邮 编**:100080
**网 址**:www.dscbs.com
**经 销**:新华书店
**印 刷**:北京君升印刷有限公司
**开 本**:145mm×210mm 1/32
**字 数**:115 千字
**印 张**:5
**印 数**:3101—5100 册
**版 次**:2017 年 2 月第 1 版
**印 次**:2022 年 7 月第 2 次印刷
ISBN 978-7-5098-3794-8
**定 价**:15.00 元

---

此书如有印制质量问题,请与中共党史出版社出版部联系
电话:010-82517197

## 写在前面的话

# 因为有了彝海结盟 /谷安林

彝海结盟，发生在中国工农红军长征途中一个红色传奇。

历史告诉我们，遵义会议之后，毛泽东进入党中央和中央军事决策层，引导中央红军穿插于滇黔边，四渡赤水，巧渡金沙江，终于跳出了国民党军队围追堵截包围圈，开始实施北上与红四方面军会合的战略意图。但是，危局只是暂时解除，蒋介石尾随而来，飞昆明，飞成都，连续调兵遣将，部署大渡河会战，妄图聚歼主力红军于大渡河一线。彝海结盟事件，正是在这一背景下出现的。据相关史料，刘伯承率红军先遣队出发前，毛泽东要求他们执行党规定的民族政策，与彝族果基家族首领结盟修好。他对刘伯承说，只要我们模范地执行纪律和民族政策，取得彝族人民的信任和同情，彝民不会打我们，还会帮助我们通过彝族区，抢先渡过大渡河。

于是，故事发生了。1935年5月，四川大凉山索玛花盛开的季节，时任红军总参谋长、先遣队司令员刘伯承，与彝族果基家支头人小叶丹于彝海边歃血为盟，结拜兄弟，从而取得彝族同胞的支持和帮助，保证了红军先遣队和主力部队顺利通过彝族聚居的冕（宁）北地区，到达安顺场，随后强渡大渡河、飞夺泸定桥北上。这段美好的故事，80多年来，与史诗般的长征一起载入史册，也一直为大凉山各族人民所铭记。

历史验证了毛泽东的英明论断。历史上，因为有了彝海结盟，有了党的民族政策的指引，以毛泽东为代表的新的党中央制定的明修栈道、佯攻越西大树堡，暗度陈仓、通过冕北彝区，渡大渡河北上与四方面军会师的战略行动得以实现；否则，倘若棋输一招，陷入蒋介石部署的大渡河会战泥潭，红军过不了大渡河，其后果不堪设想，历史就可能改写。

诚然，红军将领刘伯承与彝族头人小叶丹歃血为盟、结为兄弟，是发生在红军长征过彝区时的一个特殊历史事件，是革命年代在大凉山开放的民族团结的花朵，就是在今天它依然具有普遍意义，彝海结盟体现出的党的民族政策的光辉，体现出的民族团结的伟力，在推进中国特色社会主义伟大事业、实现两个一百年奋斗目标的新长征中，无疑具有历史昭示作用。当年，红军长征过彝区，生死攸关的历史时刻，以小叶丹头人为代表的彝族兄弟与红军肝胆相照，帮助我们顺利走出彝区，现在大凉山彝族同胞在脱贫攻坚中迫切需要我们的支援，在全面建成小康社会的征途上，绝不能落下一个彝族兄弟姊妹，这应该是缅怀彝海结盟往事、谱写民族团结新歌题中应有之义。

适逢纪念中国工农红军长征胜利80周年之际，有这样一本围绕彝海结盟的丰富史料汇集，帮助我们解读充满魅力的历史事件，并从中汲取智慧和力量，实在值得点赞，谢谢编者的劳作。

（本文作者系中共中央党史研究室原副主任）

# 目 录

CONTENTS


▶ 写在前面的话

1 因为有了彝海结盟 /谷安林

▶ 视 野

1 红军长征过彝区 /王廷科

16 刘伯承与小叶丹：彝海结盟

22 走近小叶丹

——访小叶丹的孙子四川省政协委员果基伍哈

/济华 志德 育建 吉明

▶ 回 忆

31 陈云的回忆

36 长征日记：巧渡金沙江，通过彝民区 /萧锋

43 冯文彬的回忆

50 通过大凉山 /萧华

55 聂荣臻的回忆

# 目录

CONTENTS

59 戴镜元的回忆
66 王耀南的回忆

纪　事

69 蒋介石追堵长征红军的内幕（节选） /晏道刚
75 一只手镯的故事
78 彝民盼红军
80 要找刘伯承伯伯 /荣一农
85 历史的见证者
——访"彝海结盟"的参加者沽（果）基尼迫 /贺灿永
89 喜引红军过彝区 /唐玉鲁　陈颂华　果基尔日

纪　实

94 刘伯承与小叶丹歃血结盟 /汪荣华
97 沙马马海子与彝海结盟 /苏静
102 刘帅与红军向导的两代情 /毛幼熙
106 大凉山的信义传奇 /《凉山日报》记者　杨发超
109 一座民族团结的历史丰碑
——"彝海结盟纪念碑"落成始末 /巴莫尔哈

# 目录
CONTENTS


## 专题研究

114 党的民族政策的光辉篇章
——重温长征途中的《中国工农红军布告》
/伍精华
119 彝海结盟是中国共产党民族工作的
光辉典范/郭江明
127 彝海结盟时的凉山彝族社会 /陈国光
131 石达开的历史悲剧与红军的历史性胜利
/王廷科

## 故　事

134 刘伯承与小叶丹的故事 /李镜
142 刘伯承与小叶丹
/凉山州史办公室整理　《凉山日报》记者丁杰

## 链　接

146 刘伯承元帅

151 编辑手记 /王媛

# 红军长征过彝区 /王廷科

红军长征是一部光耀日月、流芳千古的英雄史诗。在长征中，既有斩关夺隘，抢险飞渡，粉碎敌人围追堵截的英勇战绩，也有风餐露宿，野菜充饥，爬雪山，过草地的艰苦生活，还有遵纪爱民，模范执行党的政策，团结各族人民，共同对敌的惊天动地的伟业。红军长征过彝区，则是这部英雄史诗中，模范执行党的民族政策，团结兄弟民族，共同战斗的光辉一页。

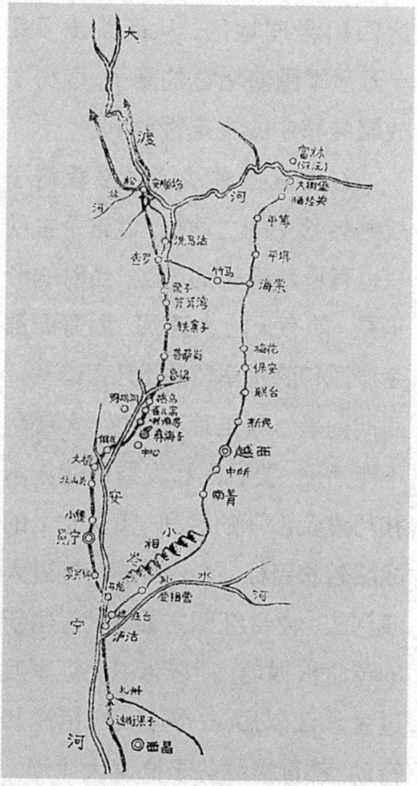


红军长征过彝区路线图

## 一　从金沙江到大渡河的敌我形势

“金沙水拍云崖暖，大渡桥横铁索寒”。从金沙江到大渡河，是红军长征中的重要历程。当时的敌我形势怎样呢？

1935年1月遵义会议以后，毛泽东、周恩来、朱德等指挥中央红军采取了大规模的灵活机动的运动战的战略战术，四渡赤水，二占遵义，佯攻贵阳，威逼昆明，纵横驰骋于川、黔、滇三省地区，迅速夺取了战略转移中的主动权，于5月初旬全军胜利渡过金沙江，到达四川会理地区，从而跳出了几十万敌军围追堵截的圈子，取得了战略转移中的决定性胜利。

红军渡过金沙江虽然获得了战略转移中的主动权，但这个主动权也有重新丧失的危险。当时的形势是：前有天险大渡河，后有滔滔金沙江和薛岳率领的十几万追兵，西南则是八百里荒凉地区，大部队不能活动。要巩固和发展四渡赤水和巧渡金沙江的胜利，实现北上的战略转移目标，就必须迅速打过大渡河去，会合红四方面军，创建新的革命根据地。所以当中央红军渡过金沙江以后，一切计划、措施和行动，都直接服务于抢渡大渡河、迅速北上这一战略意图。

红军渡江以后，于5月8日围攻会理县城，以掩护全军在会理城郊从容休整。5月12日，党中央在会理城郊召开了政治局扩大会议，研究和部署了抢渡大渡河的问题，决定趁大渡河敌人兵力空虚、防御未固的有利时机，迅即挥师北上，抢渡大渡河天险。5月15日，红军撤离会理，沿安宁河谷，走西（昌）会（理）大道，向大渡河急进。

这时，敌人也发现中央红军的意图是北渡大渡河，会合红四方面军。坐镇昆明的蒋介石于5月中旬急电四川各路军阀"严防"中央红军与红四方面军"合股计划之实现"。然而，从金沙江到大渡河，敌人兵力十分空虚。红军挥师北上，宁属地区（今凉山州的大部分）的地主官僚、土豪劣绅，顿时风声鹤唳，立即向蒋介石派驻重庆的行营参谋团急电求救，惊呼什么"防线辽阔，驻军力薄，民团枪弹无多，莫当大敌，聚守孤城，亦难持久"，云云。而大渡河北岸，敌人兵力也极为空虚，仅有"二十四军杨学端旅所部，暨羊清全之汉彝'民团'，兵力单薄”。蒋介石要阻挡北上的红军，唯有寄希望于大渡河天险，于是，在昆明急急忙忙调兵遣将，亲自部署了所谓大渡河的会战。

蒋介石一面电令四川军阀二十四军军长兼川康边防总指挥刘文辉于一月内完成雅河、大渡河沿岸碉堡，以其主力布防大渡河北岸，严加封锁；并调派康泽率领的武装特务中央别动队第一支队赶赴雅安，转赴雅属各县，在大渡河沿岸指导建筑碉堡和布置防御工事。一面又火急调兵增援大渡河防线。但是，由于1935年3月以来，红军方面军突破嘉陵江西进，到达川西北地区，直接威胁着四川军阀的统治中心——成都，从而吸引和牵制了四川军阀的大部分部队。因而在四川军阀队伍中，唯一可以机动、增援大渡河的就只有驻防川南的二十军杨森部以及刘湘的部分部队。5月15日，蒋介石电令杨森为大渡河完备指挥，并调拨二十一军、二十四军各一部归其指挥调遣，限杨森于十日内由川南叙府（今宜宾）率部赶赴大渡河布防，又电令二十一军刘湘部之王泽浚旅驰赴大渡河布防。杨森奉命后，分路向大渡河急进，一路由犍为、乐山沿大渡河以北地区向清溪（当时汉源县城）、富林（今汉源县城）前进，一路由洪雅、夹江向雅安、荥经等县前进。与此同时，蒋介石又命令薛岳率领的“追剿军”渡过金沙江会同驻守会理的刘元塘部紧紧尾追。很显然，蒋介石企图用这种前堵后追的办法，消灭红军于大渡河边。

从上述可见，当前敌我斗争的主要问题是：中央红军要突破天险大渡河，保存有生力量，继续北上，会合红四方面军，肩负起抗日救亡的历史重任；而蒋介石则企图凭借天险大渡河，堵击、聚歼中央红军于大渡河边，以实现其“攘外必先安内”的反动政策。在这种情况下，红军必须争速度，抢时间，赶在敌人增援部队之前，先机到达大渡河边。如果拖延时日，遗失战机，后果不堪设想。5月中旬，红军沿安宁河大道向西昌地区兼程北上。当时驻防西昌地区的二十四军部队分别集中会理、德昌、西昌三点，摆出一字长蛇阵。蒋介石曾电令刘文辉将大渡河以南部队统归坐镇西昌的刘元璋率领，受薛岳指挥，逐次阻击红军北上，削弱红军力量，以配合其消灭红军于大渡河边的军事计划。然而，刘元璋所部许剑霜旅驻德昌，其前哨营与红军刚一接火，便一触即溃。许剑霜弃守德昌，连夜撤回西昌城。红军不战而下德昌。刘元璋惊惶失措，乃急令所部邓秀廷旅及所征调、控制的彝兵5000人，在德昌与西昌间择要阻击。邓秀廷将所部彝兵布置于黄水塘山头，观察形势。红军先头部队由西会大道浩浩荡荡而来，个别彝兵向红军开枪射击，红军高呼"彝汉一家，不要开枪"，边呼边走，秩序井然，前进如故。邓部见红军军容整肃，锐不可犯，乃向高山转移。西昌地区的刘氏军阀部队和地方武装，慑于红军声威，为保存自身实力计，均不敢主动出击。所以红军"直上西昌地界，洋洋而来，如入无人之境"。为了争取渡河时间，红军没有攻打西昌城，而是绕道北上，经礼州直扑泸沽。

5月20日，红一军团到达泸沽。从泸沽到大渡河要经过冕宁、越西一带的彝族地区。由于历代反动统治者，特别是国民党军阀，长期以来对彝族同胞的压迫、掠夺和屠杀，造成了彝汉民族之间的严重对立和隔阂。所以能否顺利地和平地通过彝族地区，也就成为红军能否赢得时间，先机到达大渡河边，粉碎蒋介石的"大渡河会战"计划，确保渡河胜利的关键。

## 二　红军到达前的彝区情况

金沙江与大渡河之间的大小凉山地区，东起雅砻江，西至雷（波）马（边）屏（山），是我国最大的彝族聚居区。红军经过的安宁河大道两旁均系高山峻岭，东为大凉山，西为雅砻江流域高山，皆为彝族聚居地区。汉人则居住于安宁河谷上的肥沃平川。冕宁、越西一带则是所谓彝汉杂居区，而越西西山和冕宁西北山区又是彝族聚居地区。

凉江彝区，当时尚处于奴隶制社会阶段。在彝族内部有所谓黑彝、白彝之分。黑彝系奴隶主，白彝则分为三个等级——曲诺、瓦加、呷西。黑彝有严密的家支组织，它是凉山彝族最主要的社会组织。各个家支都有自己比较固定的聚居区，家与家之间以高山、河谷等天然标志划分势力范围。每个家支都有一个或数个头人。各个家支之间由于利害冲突常常发生冤家械斗。如遇外部侵袭，又往往联合行动。所谓"平日相争雄长，遇战则联兵合作"。

历代反动统治者把彝族同胞视为"蛮夷"，对彝区实行包围、封锁，制造了一系列武装进攻大凉山，血腥屠杀彝族同胞的事件；并挑拨彝族内部冤家械斗；逮捕彝族领袖，索取重金，等等。

毛泽东指出，国民党反动派"对于各少数民族，完全继承清朝政府和北洋军阀政府的反动政策，压迫剥削，无所不至"。在国民党统治时期，宁属地区"治彝"的重要实力人物是地方军阀邓秀廷。邓秀廷，又名邓文富，宁属冕宁人。邓世代居住在彝汉杂居地区，从其祖父开始，邓氏家族业已形成一种地方势力，对附近彝民能号召指挥。当地人称邓的祖父为"九蛮王"。其祖父死后，邓秀廷继承祖业，而为地方团总。邓秀廷是靠"剿办"彝民起家的。"以夷治夷"是他征服和统治彝区的重要手段。他首先通过掌握罗洪家支的势力，作为控制彝区的基础，并在彝族内部挑拨离间，制造冤家械斗，挑起各家支之间的相互厮杀，从中操纵控制。进兵彝区，屠杀敢于反抗的彝民，是他征服和统治彝区的基本手段。1930年10月，"征剿"西昌北大山马家彝人，竟消灭著名彝家五大支，烧毁彝寨30余处、房舍数千户，打死彝胞千余名，活捉彝族男女数百人，占领彝地纵横600余里，并将重要彝族领袖的首级"割解来城，悬挂示众。于是远近支夷（彝）望风投降"。每当攻占彝区后，邓秀廷便放纵部属官兵任意抢劫掠夺，名为"大关饷"。并对战败的彝民，勒令其缴出枪弹、白银、牛羊、烟土……若干。战败者的肥沃土地也随之被兼并，战败者与“投诚”者的家支头人统统要到县城“换班坐质”。

所谓“换班坐质”，就是被征服的彝族各家支头人到县城坐牢。坐牢的“质彝”可以以父代子，以兄代弟，以叔代侄，叫作“换班”。凡有敲榨（诈）勒索未遂，苛杂未完，或稍有反抗者，即向“坐质”的头人施加种种惨无人道的酷刑。“坐质”的牢狱，暗无天日，疾病流行，因而健壮者也不久即死，死后家人必须接替。这个制度给彝族同胞带来了巨大的苦难。据记载，“换班坐质”制度始于清代咸丰、光绪年间。国民党仍然沿袭了这一套反动统治办法。1933年刘文辉在四川军阀混战中，由成都败退雅安，为了控制彝族人民，不得不利用地方恶霸势力，乃委任邓秀廷为二十四军二十旅旅长，以后又委任为靖边司令。令其负责筹运军粮，由宁属至雅安、康定地区，供应刘文辉军食。所谓筹，就是向彝民进行榨取。所谓运，即实行派伕制度。运粮不但不给任何报酬，而且自带口粮，高山深谷，道路崎岖，全靠背负，苦不堪言。派伕制度是强加在彝族同胞头上的又一沉重的负担。

从历代反动统治者到国民党时期的邓秀廷，他们对彝区的罪恶统治，所推行的反动民族政策，给彝族同胞带来了深重的灾难，造成了极其严重的后果：第一，加深了彝汉民族间的对立和仇恨，往往形成民族间的相互仇杀和报复，这也就限制了彝族地区与汉族地区之间的经济文化的交流。第二，造成了彝族内部的四分五裂。彝族地区不但与外界隔绝，而且由于冤家关系的复杂，在本民族内部，人们的活动范围也极为狭小，从而严重地阻碍了民族内部的经济文化交流。第三，造成彝族地区的长期贫困和落后，使整个彝族社会长期处于停滞状态，广大彝族人民过着十分贫困的生活。

彝族人民对于历代反动统治者施加给他们的民族压迫，进行过长期的反抗斗争。彝族的各个家支都拥有自卫的武装，有相当数量的土枪和快枪。据二十四军宁属垦务调查，仅沽基家就有枪一千三四百支，罗洪家有枪一千一二百支。彝民的枪法也很准。在反抗外来的武装进攻中，他们利用复杂的地形，重创进攻者。彝谚曰：“你有千军万马，我有高山老林；你有大枪大炮，我有大山大坳。”清同治八年（1869年）贵州提督周达武在进兵彝区后，于越西县晒经关刻石立碑，碑文说：“治夷（彝）之道，有三难焉……建南之中，群山所部，峻途绝险，足茧艰步，难一；倮夷（彝）野处，蹊径熟悉，猱猿善登，如履平地，常以羊皮裹数日行粮，力强轻战，难二；夷（彝）地辽阔，群蛮散处，不能聚歼，败则兔脱，胜则蜂屯，善于攻人之整，袭人之疲，乘人之危，常以数十人敌千数百人之众，难三。”这说明彝族人民善于利用良好的地形地物等有利条件，以己之长攻人之短，致使反动统治者无可奈何。即使在国民党军阀统治时期，也往往是“兵来彝服，兵去彝叛”。

在彝汉杂居地区，彝族同胞和汉族人民为了反抗共同的敌人，进行过联合的斗争。1934年3月，越西县的彝汉人民曾发动了反抗国民党军阀统治的武装起义。他们拿起武器，围攻越西县城达三天三夜之久。起义被镇压后，保留下来的数百名彝汉起义人员转移到了西山彝区的瓦岩乡，他们打退了敌军的多次进攻，一直坚持到第二年红军长征过越西。

在红军长征到达的前夕，国民党二十四军四十七团团长李德吾率兵一连和冕宁等县“民团”约五六百人驰防大桥镇。当红军越过西昌，向冕宁急进时，李德吾等押走“换班坐质”的彝族头人，抄小路向雅安方向逃窜。当通过彝区，行至野勒河边时，沽（果）基家彝民拦腰横击，将李部团团围困，救出了全部“质彝”，击毙了冕宁县长、团防局长和士兵团丁200多人，其余士兵做了俘虏。李德吾只身逃往深山三日后被沽（果）基家彝民搜出处死。这次斗争，充分显示了彝族同胞不畏强暴、果敢善战的斗争精神。

从上述情况可见，红军长征要通过彝族地区，既存在着严重的困难，也有着极为有利的条件。一方面，由于历代反动统治者和国民党军阀长期以来对彝族同胞的压迫、剥削和屠杀，造成了彝汉民族间的严重对立，彝族同胞对汉人充满疑惧，特别是对汉人军队痛恨至极。红军到达这里，要使他们很快认识到红军与国民党军队的本质区别，是一件很不容易的事情。但是另一方面，这里社会矛盾极为尖锐，彝族同胞苦大仇深，彝区布满了干柴，如果处理得当，就可以发动彝族同胞与红军共同对敌，燃起熊熊的革命烈火。而要做到这一点，唯一的武器就是依靠党的民族政策。

## 三 党的光辉照彝区

1935年5月中旬，罗炳辉率领的红军别动支队——红九军团从云南省会泽县树节渡过金沙江之后，经普格、昭觉的彝族地区，直奔西昌礼州，与主力会合。在这一带，红九军团对彝族同胞进行了广泛的政治宣传工作，帮助他们建立了“彝民民族自卫委员会”。彝族同胞热情欢迎和慰劳红军，不少彝族青年踊跃参加了红军。“红军来了”的消息也不翼而飞，迅速传开。

5月20日，红一军团到达泸沽。从泸沽站到大渡河有两条路可走：一是从泸沽越小相岭，经越西，到大树堡，从这里渡河到对岸的富林。这是通往雅安、成都的大道。敌人唯恐红军攻打成都，沿途险要均有敌军扼守。二十一军王泽浚旅即赶赴富林、大树堡布防。杨森的大渡河守备指挥部也决定设于富林。另一条道路则是崎岖难走的山路，从泸沽到冕宁，通过冕宁西北地区的彝族聚居区，到大渡河边的安顺场。敌人估计红军不敢走这条路，因而疏于防范。大渡河上游方向的安顺场和泸定桥，敌人的防堵力量也比较薄弱，仅有二十四军的一部。在这种情况下，中央军委和毛泽东果断地决定红军主力部队走敌人预料我军不敢走的小路，通过冕宁彝族地区，直插安顺场，把攻击点选择在敌人的薄弱部。同时，又运用“示形于东而击于西”的战术，另派出一支侧翼佯动部队，经越西向大树堡前进，摆出一副由此渡河直逼成都的架势，以迷惑牵制敌人，掩护红军主力自安顺场和泸定桥方向渡河。

20日中午，红军总参谋长刘伯承在泸沽的红一军团司令部传达了中央军委关于继续北上、抢渡大渡河的指示和计划。根据中央军委的命令，以红一师一团为先遣队，一军团工兵连、炮兵连配属一团指挥，由总参谋长刘伯承和红一军团政委聂荣臻、保卫部长罗瑞卿等率领，经冕宁，过彝区，迅速抢占安顺场渡口。军委又命令红一军团参谋长左权和红一师政委刘亚楼等率领红二师五团一部和军团侦察连，经越西，向大树堡挺进，担任佯动。于是红军兵分两路，向大渡河边进发。

在红军从泸沽出发前，中共冕宁地下党组织派遣同志到泸沽接头，为红军带路。红军先遣队由泸沽到达石龙，冕宁地下党领导人组织当地群众热烈欢迎红军。5月20日深夜，红军先遣队静悄悄地进了冕宁城。为了不惊动老百姓，红军战士露宿街头。可是很快就有人高声呼叫："家家点红灯，点灯迎红军！"整个县城顷刻之间灯烛辉煌，群众纷纷前来看望红军，红军后续部队也相继进城。

与此同时，红军佯动部队也从泸沽出发，直指小相岭，消灭了小相岭山顶上敌人守军一个排。这时，越西县长发现通往小相岭的电话不通，知道情况不妙，便立即带上县党部官员和守城部队两个连，向富林仓皇逃窜。21日下午2时，红军进入越西县城。当地彝汉群众手持红旗，热烈欢迎红军。

在冕宁、越西彝汉杂居地区，红军为顺利通过彝族地区，作了政治上、组织上的必要准备，对彝汉人民进行了广泛的宣传鼓动工作，广泛张贴了红军总司令朱德署名的《中国工农红军布告》：

中国工农红军，解放弱小民族；一切夷汉平民，都是弟兄骨肉。

可恨四川军阀，压迫夷人太毒；苛捐杂税重重，又复妄加杀戮。

红军万里长征，所向势如

破竹；今已来到川西，尊重夷人风俗。

纪律十分严明，不动一丝一粟；粮食公平买卖，价钱交付十足。

凡我夷人群众，切莫怀疑畏缩；赶快团结起来，共把军阀驱逐。

设立夷人政府，夷族管理夷族；真正平等自由，再不受人欺辱。

希望努力宣传，将此广播西蜀。（“夷”现均为“彝”）。

这张布告鲜明生动，言简意赅地揭露了国民党军阀对彝族同胞的压迫剥削，深入浅出地宣传了党的民族政策，在彝族同胞中产生了深远的影响，是红军顺利通过彝区的强大精神武器。

根据中央军委和毛泽东的指示，红军先遣队对彝族的风俗习惯作了调查研究，并在全军对干部战士进行了党的民族政策的教育。广大指战员决心依靠党的民族政策和遵纪爱民的模范行动，和平通过彝族地区。

在冕宁和越西，红军发动彝汉群众，打土豪，分财物，将没收的汉族豪绅的财物，同样分配给彝族贫苦群众，以实际行动体现了彝汉平等、彝汉一家的精神。

在冕宁，还建立了彝汉人民的革命政权——冕宁县革命委员会。5月22日，在城内文昌宫召开革命委员会成立大会。朱德总司令在会上作了重要讲话，着重宣传了彝汉一家，彝汉平等，彝汉人民团结起来，共同对敌，推翻旧社会，建立新中国的主张。同时针对四川军阀“苛捐杂税重重”，彝汉人民不堪重负的现实，又组织了彝汉人民的革命武装——抗捐军。红军到达后，还立即带领群众涌入县衙，把全部“换班坐质”的档案和官私田地粮册焚毁殆尽。在越西，红军打开监狱，释放了被关押的彝汉群众500余人，其中包括彝族各家支“换班坐质”的头人。红军也当众烧毁了县衙的档案文书，宣布废除“换班坐质”制度。红军的这一革命行动深得彝族同胞的衷心拥护，不少彝族青年当即报名参加了红军。

毛泽东在冕宁还亲自接见了彝族代表沽（果）基达涅。沽（果）基达涅向毛泽东报告了从冕宁到大渡河一带的各个彝族家支及其头人沽（果）基小叶丹、沽（果）基洛莫子、罗洪作一、罗洪点都等四人的情况。毛泽东委托沽（果）基达涅与这四人联系，并转送红军给他们的礼物。这样把民族下层工作与民族上层工作密切地结合了起来。

党的民族政策的光辉迅速地照进了彝族山区。党的民族政策的威力迅速地争取和感召了彝族人民。

## 四　团结战斗　彝海结盟

红军在冕宁、越西的革命事迹，在彝民中迅速传开。红军在越西释放"坐质"头人的当天深夜，就有彝民的代表，领着通司（翻译），来找红军负责人。一见面就跪地磕头，说是代表头人感谢红军救命之恩，并表示明日给红军带路，一齐追歼逃窜的国民党军队。

次日（22日）清晨，红军从越西青杠关出发。无数彝族同胞发出"呜嗬——呜嗬"的欢呼声，从山坡、岩石上跳下来欢迎红军，有的比划着手势向红军致意，有的帮助红军战士背上背包，担起行军锅，热情极了！在彝族同胞的带领下，红军飞快地追赶着敌人。下午3时左右，终于在海棠（今甘洛县境）追上了逃敌。在红军、彝民前后夹击、四面围攻下，越西县长率领的两个连顷刻之间全部被消灭，县长也成了俘虏。海棠战斗，生动地记录了红军、彝民并肩战斗，"共把军阀驱逐"的光辉战迹！

23日，红军继续前进，翻过晒经关，巧妙地消灭了大树堡以东山口上的一个排哨，占领了大树堡渡口。红军在此虚张声势，扬言要强渡大渡河，"攻打富林，进军雅安，解放成都"。这个消息震惊了敌人，使他们日夜提防着红军从这里渡河。在彝族同胞的协助下，红军侧翼部队，卓有成效地完成了吸引和牵制敌军的任务。

当侧翼佯动部队由越西向大树堡前进时，红军主力先遣队，也由冕宁迅速北上。5月21日到达大桥镇，次日早晨，红军先遣队继续前进，经额鸡、俄瓦、圆包包到俄瓦垭口，开始进入彝族聚居地区。再经一碗水、彝家海子、北沙村到喇嘛房。在这里，红军队伍被一群彝民拦住去路。彝民们从四面八方呼啸而来，挥舞着土枪、长矛、大刀，阻止红军前进。红军不得不停止下来。先遣队通过通司向彝民们耐心地宣传解释，说明红军和国民党军队不同。红军不是来抢劫和杀害彝民的，红军只是借道北上，替受压迫的人打天下，红军要和彝民联合起来，打倒压迫、屠杀彝族人民的刘家。开始彝民们对这番话似乎不太理解，仍然挥舞着手中的武器，高声喊叫着不让部队通过。突然先遣队的后面响起了枪声，一股彝民在一些人的唆使下，袭击了工兵连。工兵连由于没有携带武器，许多架桥器材和物品被一抢而空，有的战士身上的衣服被扒去了，但没有伤人。鉴于情况危急，部队中产生了急躁情绪。消息传到先遣队指挥部，刘伯承想起毛泽东临别前的嘱托："先遣队的任务，不是去打仗，而是去宣传党的民族政策，用政策的感召力去与彝民达成友好。只要我们全军模范地执行纪律和党的民族政策，就一定会取得彝族人民的信任和同情。彝民不但不打我们，还会帮助我们顺利通过彝族区，争取时间，赶在敌人增援部队的前面，抢先渡过大渡河。"先遣队司令部安抚了部队的急躁情绪，指示部队要耐心做好宣传工作，决不允许开枪伤害一个彝胞。经过反复宣传，彝民们对党的民族政策渐渐地有所了解，但还是半信半疑。当他们亲眼看见红军纪律严明，秋毫无犯，与烧杀抢掠的国民党"官兵"截然不同时，便对红军的宣传深信不疑了。

情况很快就飞报到彝民头人那里。这个地方属于沽（果）基家支地界，沽（果）基家头人小叶丹得报后，立刻派他的四叔前来察看，并提出要求：如果红军真的把彝民看成兄弟，红军首领就应当和小叶丹结为兄弟。

先遣队根据彝民讲"义气"的

特点，告诉沽（果）基小叶丹的四叔，红军刘伯承司令（先遣队司令员）率领大队人马北征，愿与彝民首领结为兄弟，约请沽（果）基家头人小叶丹前来商议。对此，他们欣然同意。小叶丹等七人来到了彝家海子边，刘伯承等亲自迎上前去。小叶丹一见到刘伯承，就按照习惯取下头上的帕子，准备跪地行礼，刘伯承赶忙上前劝阻，亲切地将他们扶起。双方进行了诚挚的交谈，决定按照彝民的传统习惯，杀鸡饮血，结为盟友。

彝家海子位于横断山脉的深谷间，终年绿水滢滢，四周松树常青，风景十分秀丽。小叶丹派人回去抱来一只火红的大公鸡。一个彝民从海子里取来一碗清水，一只手提着公鸡，一只手拿着火镰刀，口里念道："司令员、小叶丹在海子边结义为兄弟，以后如有改变，同鸡一样地死！"念罢便用镰刀割破鸡口，殷红的鸡血滴入碗中，然后将血水分成两碗。这时，刘伯承和小叶丹虔诚地并排跪下，前面摆着滴过鸡血的两碗"盟酒"。小叶丹让刘伯承先饮。刘伯承高高地端起"酒碗"，大声发誓说："上有天，下有地……刘伯承与小叶丹结为兄弟……"念完誓词后，便将"鸡血酒"一饮而尽。小叶丹大笑说："好！"重复誓词后，把"盟酒"咕嘟嘟地喝下。这就是传为历史佳话的彝海结盟！它生动地体现了中国工农红军和彝族人民团结战斗的深厚情谊！

刘伯承与小叶丹歃血结盟之后，已是落日余晖，天近黄昏了。

彝海结盟纪念碑（中共四川省委党史研究室供图）

刘伯承邀请小叶丹等人返回大桥镇宿营。当天夜里，在大桥米市（今小学）盛情款待彝族亲人，重喝血酒。除刘伯承、小叶丹外，又新增加了罗洪家和当地汉人代表各一名。四人饮酒结盟，有着双重意义，它既是彝汉团结的标志，又是沽（果）基家与罗洪家冤家和解的象征。席间，刘伯承讲述了许多革命道理，针对过去彝汉对立和彝族内部的不和，反复强调自己人不打自己人，要团结起来共同对敌。刘伯承语重心长地指出，一个指头没有劲，十个指头捏在一起力量就大了。这些话，句句讲到了小叶丹的心坎，对于彝族人民以后的斗争，起了十分重要的作用，刘伯承还代表中国工农红军将一面写着"中国夷（彝）民红军沽鸡（果基）支队"的红旗赠送给小叶丹。

应当指出，红军与小叶丹结盟，是为了团结兄弟民族，减少北上阻力，迅速通过彝区，实现北上的战略转移目的；而小叶丹与红军结盟，一是由于党的民族政策的感召，一是为了联合红军反抗国民党军阀的压迫。彝海结盟，不但粉碎了国民党军阀企图利用彝区阻滞红军前进的阴谋，而且增进了彝汉民族的团结，对于消除彝族内部的矛盾也起了积极的作用。

5月23日拂晓，红军先遣队在小叶丹和他四叔的护送下，又从大桥镇出发，再次进入彝族聚居地区。这一天的情况和昨天那种剑拔弩张的情景完全两样。满山遍野的彝族同胞，拿着红旗，背着刀枪，载歌载舞地欢迎红军。红军先遣队来到了彝家海子边的中心乡萨塔村，这就是小叶丹的家支所在地。在村寨的门口，许多彝民列队欢迎红军。再往前走，就不是沽（果）基家的势力范围，小叶丹不能再远送红军了。分别时，刘伯承将自己随身携带的一支左轮和一批武器送给小叶丹，鼓励和支持他们在红军走后的斗争。小叶丹和彝族同胞格外高兴，将一匹高大的黑骡子送给刘伯承。

出了沽（果）基地区，小叶丹派出四名联络员给红军带路。经过别的家支时，这些联络员就在山头上高声喊着，别的家支知道这是小叶丹的朋友过路，纷纷站在路旁，笑眯眯地欢迎红军队伍。在彝族同胞的护送下，刘伯承率领的红军先遣队，经过雀儿窝、拖乌、鲁坝、菩萨岗、铁寨子、筲箕湾、粟子，到达彝汉杂居的查罗，终于顺利地走出彝族聚居地区，向大渡河边安顺场急进。

红军先遣队离开后，小叶丹忠实地执行了刘伯承的嘱托，将一些青年彝民组织起来，细心地护送红军后续部队。他昼夜奔忙，往返于大桥镇和筲箕湾一带。

5月24日，中央军委纵队和毛泽东由冕宁出发，经大桥镇进入彝区，当天行程90里，到达拖乌宿营。为了不打扰彝族同胞，部队在树林里住宿。第二天清晨，部队继续前进，当走到彝民的村寨口时，彝民们已排好长长的队伍，发出亲切的喊声，对红军表示热烈欢迎。有些青年男女还夹在红军队伍里，亲切地拉着红军战士的手。有的红军战士把口杯送给他们做礼物，他们高兴得蹦跳起来。红军、彝民虽然语言不通，但感情却十分真挚，毛泽东当即告诉大家，我们祖国是由多民族所组成，各个民族对祖国历史的发展都作出了自己的贡献。

在彝族同胞的热情欢迎和支持下，红军后续部队一路畅行无阻，经过七天七夜，全部安全地迅速通过了彝族聚居地区。国民党反动派视为畏途的彝区，蒋介石估计红军不敢也不可能通过的彝区，在中国工农红军的面前被奇迹般地"征服"了。这不是靠机枪、大炮，也不是靠金钱财物，而是依靠党的民族政策和红军遵纪爱民的模范行动赢得了彝族人民的心。红军迅速通过彝族地区，为先机到达大渡河边，突破天险大渡河，争得了可贵的时间，创造了极为有利的条件。

（摘自王廷科：《红军长征研究》，四川省社会科学院出版社1986年版，题目编者拟。王廷科系四川大学教授）

# 刘伯承与小叶丹：彝海结盟

1935年5月20日上午，中央红军先遣司令刘伯承、政治委员聂荣臻到达泸沽。第一团在团长杨得志、政治委员黎林率领下已先期到达待命，并派出侦察组到前面侦察。

由泸沽到大渡河有两条路：一条经登相营、越西到大树堡，由此渡河对岸就是富林，这是通往雅安的大道；另一条是经冕宁、大桥、拖乌到安顺场，是崎岖难行的山路，尤其是要通过一向被汉人视为畏途的彝族聚居区。

刘伯承与小叶丹歃血结盟处

当日下午，刘伯承、聂荣臻接朱德来电："据报泸沽、越西均无敌，冕宁有少数敌人"，"一军团之第一团随刘、聂明日向登相营、越西前进，无敌情要走20里左右。第五团由左（权）刘（亚楼）指挥，为第二先遣团，亦带电台暂随第一团后跟进。”

晚上，刘伯承、聂荣臻听取了侦察组关于两条行军道路的里程、敌情、居民情况和给养情形的详细汇报，又接见了中共冕宁地下组织派来的人员，基本上把敌情搞清楚了。当面在大渡河布防阻截红军的是刘文辉的第二十四军，其第四旅在左，守泸定桥一带，第五旅在右，守安顺场至富林一带。另据传闻，刘湘部一个旅正向富林开进中，明日可到。刘伯承说：“敌人显然判定我军将走西昌至富林的大道，把富林作为防守的重点。我军如从富林渡河，正遇敌军主力，不易成功。是否建议军委改变一下行军路线，走冕宁、安顺场这条小路。不过这条路要经过大凉山彝族区。彝族分黑彝白彝，黑彝是纯粹的彝人血统，白彝是彝汉混血儿，他们内部有矛盾，但生产落后，生活水平都很低，主要矛盾是与汉人的矛盾。由于历史上反动统治阶级的民族压迫政策，他们对汉人疑忌很深，得好好做工作才能通过。”聂荣臻说：“不管他黑彝白彝，我们用党的民族政策感动他们，总比刘文辉好说话，我们建议军委改走小路吧。让左权、刘亚楼带第五团往越西方向佯动，迷惑敌人。”刘伯承立即起草了电报，交电台发出。但因中革军委处于行军状态，联系不上。一直到第二天中午，部队已成行军队形，“通司”（翻译）也找好了，电台还在呼叫。刘伯承与聂荣臻商量，决心先遣队第一团先开冕宁，到冕宁后再与中革军委联系。出发前，刘伯承对部队作了动员：“今天我们到冕宁，冕宁过去是彝人的城市，后来彝人被反动统治者赶到山上去了。过了冕宁，就是彝族区了。有一种传说，《三国演义》上诸葛亮七擒孟获，就是在这个地区，至今有孔明寨、孟获城等遗址。彝人对汉人疑忌很深，语言又不通，他们会射箭打枪，但他们不是奉蒋介石的命令，他们和国民党军队不是一回事。我们要严格执行党的民族政策，广泛宣传朱总司令安定彝民的布告，争取和平通过彝族区。没有聂政委和我的命令，谁也不许开枪。”说罢，队伍就出发了。20日晚9时，刘伯承和聂荣臻率第一团进入冕宁。中共冕宁地下组织在陈野苹、廖志高的领导下，积极做好了解放冕宁的准备。只见街头贴满花花绿绿的标语，居民门前红灯高悬，洋溢着对红军的一片爱戴和欢迎之情。

刘伯承、聂荣臻入城后，设司令部于天主教堂。聂荣臻亲自召见神职人员，说明共产党和红军保护宗教，并用法语与几位法国修女交谈，劝她们不要惊慌。21日上午，参谋高兴地向刘伯承报告，与军委电台联系上了。刘伯承说：“用我和聂政委的名义立即将‘侦察报告’上报军委。”中革军委接电后，完全同意刘伯承、聂荣臻的建议，红军主力改经冕宁、安顺场北进。5月21日，朱德向各部队发出了改道的命令，并指示刘伯承、聂荣臻于24日前控制安顺场渡口。

刘伯承、聂荣臻率先遣队由冕宁城来到大桥镇。由大桥镇经额鸡、俄瓦、园包包到俄瓦垭口，这一带是彝汉杂居区。再从俄瓦垭口经一碗水、海子边、北沙村到喇嘛房，便属于拖乌彝族聚居区了。这里山势更加险要，道路崎岖，树木葱茏，野草丛生，便于隐蔽，山涧之上往往只搭有一根独木桥，易守难攻。早晨先遣队前卫连刚到喇嘛房，就被手持棍棒、长矛、弓箭、土枪等各式武器的彝民堵住了去路。他们用彝语大声吆喝着，互相联系，人越聚越多。工作团的冯文彬带着“通司”上去答话。一个小头目说：“娃娃（指白彝）们要点钱让你们通过。”冯文彬问：“要多少？”对方回答：“要200块。”马上给了他们200块银元。大家一抢而散。一会儿，又来一群彝民要钱，说刚才给的是罗洪家的，我们是沽（果）基家。又给了200元。正在交涉之际，后面来人报告：工兵连遭到袭击，被抓去的人，剥光了衣服，放回来了。

前卫连只好停止前进。萧华、冯文彬等出面宣传党的民族政策，说明共产党、红军与国民党“官兵”不同，希望彝民同红军联合起来，打倒汉官，打倒压迫人民的军阀，打倒汉人的财主，分财主的衣服粮食。红军来此，只是借道过路，决不住宿。经过一阵谈话之后，一个小头目说："我去找爷爷来。"过了一会，来了一个高大的汉子，打着赤膊，围着一块麻布，赤足，披头散发，后面跟着十几个背梭镖的青年。来人自我介绍："我是沽（果）基家的小叶丹，要见你们司令员，我们大家讲和不打。"于是萧华先去向刘伯承、聂荣臻报告，冯文彬陪同小叶丹在后面跟来。

小叶丹等人来到彝家海子边时，刘伯承已经在这里等候了。一见小叶丹，他非常高兴地迎了上去。小叶丹见来者身材魁伟，后面跟着几个士兵，知是红军部队的司令员，连忙取下头上的帕子，准备叩头行礼。刘伯承一把上前扶住，不让他行此大礼。两人在海子边坐定，开始了亲切、诚挚的交谈。小叶丹解释说："今天在后面打你们的不是我，是罗洪家。听说你们要打刘文辉，主张彝汉平等，我愿与司令员结义为弟兄。"刘伯承说："那些欺压彝民的汉人，也是红军的敌人，我们结义是为了反对共同的敌人。"接着，进行结盟。仪式按彝家规矩简单而庄重：一位彝民拿来鸡，因为没有带酒，用碗在海子里舀了一碗清水，一手持刀，一手拿鸡，拉破鸡脖，鸡血滴在碗里，清水立即变成了殷红色。然后将"血酒"分作两碗，分别摆在刘伯承和小叶丹面前。几个红军小战士看着有趣，不禁发出了笑声。又见刘伯承面色庄重，谁也不敢笑了。一切准备妥帖之后，刘伯承与小叶丹虔诚地并排跪下。面对着蔚蓝的天空和清澈的池水，刘伯承高高地举起大碗，大声发出誓言："上有天，下有地，我刘伯承与小叶丹今天在海子边结义为兄弟，如有反复，天诛地灭。"说罢，将"血酒"一饮而尽。小叶丹也端起大碗，同样起誓："我小叶丹今日与刘司令员结为兄弟，如有三心二意，同此鸡一样死。"说罢，也一饮而尽。这时，夕阳西下，把高高的林梢染成一片青紫，海子里洒满了耀眼的金光。刘伯承请小叶丹等到大桥镇赴晚宴。小叶丹带领一群彝民头领欣然前往。刘伯承素知彝民嗜酒善饮，叫把大桥镇的酒全部买来。晚宴在一个保长的宅院里举行，这里驻着红军先遣队司令部。席间，小叶丹对刘伯承说："明天我要沽（果）基家的娃子到山边接应你们过境。罗洪家的人抢了你们的东西，还抓了你们的人。如明天罗洪家再来，你们打正面，我们从山上打过去，打到林子里，把全村都给他烧光。"他这种义气是真诚的，但他们两个部落有宿怨，也有借红军的力量出口气的意思。刘伯承向他解释说："彝族内部要团结，自己人不打自己人。我们要共同对付镇压你们的反动政府和军阀。"又伸出手比划说："一个指头没有劲，十个指头捏在一起力量就大了。我们共同的敌人是国民党反动派。"饭后，刘伯承把一面红旗赠给小叶丹，上书"中国夷（彝）民红军沽鸡（果基）支队"，任命小叶丹为支队长，他的弟弟古（果）基尔拉为副队长，并当场写了委任状，小叶丹喜形于色，神采飞扬。刘伯承又给他讲了一些革命道理，这个纯朴的汉子把刘伯承的教诲深深记在心头。当晚即住在先遣队司令部。

第二天早饭后，先遣队再次进入彝民区。小叶丹跟着前卫第六连走在前头。爬上头一个山垭时，见十几个沽（果）基家的彝民拿着红旗，背着长枪，齐声欢呼着上了山顶，这是他们村寨的入口。只见他们都排好了队，笑眯眯地表示欢迎。一些青年和儿童，还主动接近红军指战员，双手比比划划，配合一些汉化的词句，说明他们的心意。指战员们有的送给他们鞋子，有的送给他们毛巾，得到的人欢呼雀跃，民族团结的气氛非常热烈。刘伯承和聂荣臻来到时，小叶丹有依依不舍之意。他告诉刘伯承说："我不能再走了，前面不是我管的地方了。我派4个人送你们到前面的村寨，另外挑选20个人到红军里来学习军事，学会了回来打刘文辉。"刘伯承说："后面红军大队还多，拜托你一定把全部红军安全送过彝区。红军走后你要打起红旗坚持斗争，将来我们会回来的。临别之前，送你一点薄礼。"这时，警卫员抬过擦得油亮的10支步枪。小叶丹大受感动，坚持要把他骑坐的一匹精壮的大黑骡子，送给刘伯承。

先遣队继续前进。一路经过雀儿窝、拖乌、鲁坝、铁寨子等，经过彝人交涉，都得顺利通过。过一个村寨换一个带路的彝人向导，交接很有秩序。

小叶丹忠实地执行了刘伯承的嘱托，将彝民组织起来，护送红军后续部队过境。他昼夜奔忙，往返于大桥镇和筲箕湾，经过七天七夜，红军大队一路畅行无阻，安全通过彝民区。

（节选自《刘伯承传》，当代中国出版社1992年版）

# 走近小叶丹

/济华　志德　育建　吉明

## ——访小叶丹的孙子四川省政协委员果基伍哈

2011年12月1日，在西昌卫星发射中心同志的陪同下，我们驱车近100公里，沿着盘山公路弯来绕去，来到了由军委原副主席刘华清上将题写馆名的彝海结盟纪念馆。

小叶丹

纪念馆建在半山腰，站在纪念馆前的小广场上举目远眺，群山环绕，丽日晴空，雪山白云，蓝天碧树，环境肃静，馆前有江泽民同志题写"彝海结盟纪念碑"碑名的刘伯承与小叶丹结盟的雕塑，纪念馆所在的山脚下就是彝海。

彝海，原名"鱼海子"，彝语叫"乌勒苏泊"，意即海子，海拔2000多米，是个高山淡水湖，面积约20万平方米，呈元宝形，四周山峦环抱，林木葱茏。就在这个山清水秀的地方，举行了举世闻名的"彝海结盟"。

我们参观拜谒了彝海结盟纪念馆，深为彝族人民对红军长征作出的历史贡献所感动，更对彝族首领小叶丹深明大义、全力支持红军北上的壮举油然而生敬意，自然而然产生寻访小叶丹后人的强烈愿望。

我们一行的丁志德看到一位工作人员，就问："小叶丹的后人情况怎样，在哪里？"没想到，这位正是小叶丹的侄孙果基达光。

他热心地告诉我们，小叶丹的孙辈只有两个，一个外孙伍龙在北京全国人大常委会工作，一个孙子叫果基伍哈，在凉山彝族自治州安监局工作，汉名叫沈建国。

同行的刘济华赶紧让他告诉果基伍哈的手机号码，立即联系安排采访事宜。在西昌的龙州酒店我们集体采访了果基伍哈。看上去有三十七八岁的他，个头中上，精明强干，性格开朗，谦恭随和，黝黑的长圆脸，双眉清秀，两眼有神，尽显彝族人神采。他听了我们的来意，愉快地接受采访，给我们介绍了小叶丹家族一些过去鲜为人知的故事。

爷爷那辈兄弟姐妹五个，爷爷是老四。家中有地租给汉族同胞种植，与汉族兄弟有交流。租种爷爷土地的汉族同胞对爷爷评价很高，汉族同胞如果遇到自然灾害，或者家里有困难，只要随便找个理由提出来，爷爷就把当年的租子减免。土改时，专门有一个调查组，调查爷爷过去的情况，调查组的调查结论，对爷爷的评价是很高的。

当时，由于国民党反动派和地方军阀的长期压迫，彝族与汉族的隔阂、猜疑很深，存在着根深蒂固的敌对情绪。爷爷跟外边交往少，对共产党、国民党都不了解。当红军过了金沙江之后，爷爷也了解了一些红军的讯息。爷爷是果基家支，家族势力范围方圆100公里，有几万人口，居住比较分散。从冕宁的大桥水库、大桥镇南北方向作为东边的地界，彝海西边为西界，彝海山脚下都是爷爷的势力范围，在这个范围内，爷爷说了算。

1935年5月21日，由刘伯承、聂荣臻率领的红军先遣队到达了冕宁。过了冕宁就是彝族区了。由于这一地方与外界交流不多，对红军不了解，汉族和彝族都非常担心，非常害怕。彝族群众知道红军来了，都跑到山里躲起来了。

红军需要粮食，用了农民的粮食，按市场价格付钱，家里没人，就把钱放到农民的家里。有的躲在山里的村民，偷偷地回家看看，看到红军秋毫不犯，用了粮食，照价付钱，感到这样的军队是很好的部队，对红军有了好感，这种信息传到彝族群众中，彝族群众对红军有了好印象。

红军先遣部队到了西昌后有几条路可走，国民党蒋介石估计红军部队可能走大路，因为，国民党知道少数民族不好对付。但刘伯承司令员却认为，我们一定要出其不意走小路，这样就没有国民党的军队阻挡，少数民族的同胞不会打我们。于是，刘伯承司令员和聂荣臻政委，给中央军委发了电报。毛泽东同意按这个方向走。然后，让左权、刘亚楼带第五团走大路，摆出一个走大路的架势，掩护主力部队从小路上快速前进。国民党就叫成都的二十四军向大树堡的大路方向集结堵截。

红军来到之前，国民党为了强化对少数民族的控制，采用“坐质换班”的手段，就是把每个家族有声望的人招到那里去当人质，半年后再派人换，这叫“坐质换班”。过去果基、罗洪、倮伍家族，三家都打国民党。红军到了冕宁后国民党都跑了，红军把坐质换班的人质全部解放出来。

红军宣传是打国民党的军队，是进行“万里长征”。“万里长征”的概念，是朱德同志在《中国工农红军布告》中第一次提出来的，内容如下（“夷”现均为“彝”）：

“中国工农红军，解放弱小民族；
一切夷汉平民，都是兄弟骨肉。
可恨四川军阀，压迫夷人太毒；
苛捐杂税重重，又复妄加杀戮。
红军万里长征，所向势如破竹；
今已来到川西，尊重夷人风俗。
军纪十分严明，不动一丝一粟；
粮食公平购买，价钱交付十足。
凡我夷人群众，切莫怀疑畏缩；
赶快团结起来，共把军阀驱逐。

设立夷人政府，夷族管理夷族；
真正平等自由，再不受人欺辱。
希望努力宣传，将此广播西蜀。
红军总司令　朱德”

这一布告张贴出来，成为安民告示广为散发，并让彝族的群众把布告带回去宣传。彝族人认为红军与国民党的军阀部队是不同的。

5月22日，红军先遣队前卫连行进到喇嘛房，就被一群彝民堵住了去路，不得不停止了前进。刘伯承就在大桥镇进行了社情调查，问我们红军要从这里过去，谁能做主？当时，有一位叫陈志喜的汉族人，他与我爷爷是干亲家，是很好的朋友。他给红军说，要在这个地方顺利通过，就要去找小叶丹，是他做主。于是刘伯承让陈志喜带路，安排19岁的红一军团组织部部长、群众工作队队长萧华（开国上将），一起到山上去找我爷爷小叶丹。

在彝海子附近，萧华和我爷爷小叶丹的四叔果基约达交谈，说明红军是为受压迫的人打天下的，此来并不打扰彝族同胞，红军刘司令统率大队人马路过此地，只是借路北上。并告诉他，刘司令愿按照彝族的习惯与彝族头人结盟，结为兄弟。起初，果基约达有点半信半疑，可是当他环顾红军的军纪严明，并不像地方军阀军队那样恶狠狠地涌进堡子烧杀抢掠时，便消除了怀疑，接受了结盟提议。

萧华报告刘伯承、聂荣臻后，刘伯承立即骑马来到彝海子边。同时，我爷爷果基小叶丹带领当家娃子（从奴隶中选拔出来的管家）沙马尔各也来了，他是我爷爷的贴身管家，精通彝汉两种语言。我爷爷小叶丹见了刘伯承，便要摘掉黑帕子行磕头礼。刘伯承急忙上前扶住说：“大哥不要这样。”我爷爷问：“你是刘司令？”刘伯承答：“我是刘司令。”我爷爷接着说：“我是小叶丹，我们大家讲和不打了。”刘伯承告诉我爷爷说，红军是共产党领导的军队，是为受压迫的人打天下的。共产党实行汉彝平等，同彝族是一家人，自己人不打自己人，要团结起来去打国民党军阀，以后红军回来，大家过好生活。这样，通过通司和沙马尔各作翻译，很顺利地达成协议。于是刘伯承和我爷爷小叶丹欣然决定，在彝海子边喝鸡血酒结拜兄弟。

按照彝族的习惯结盟，我爷爷小叶丹叫人找来一只鸡，但没有酒和酒杯。刘伯承便从红军警卫员皮带上解下两个搪瓷缸，叫警卫员舀来彝海的水，以水代酒。当沙马尔各杀了鸡，将鸡血滴入两个搪瓷缸后，我爷爷小叶丹让刘伯承先喝，按照彝人的风俗，先喝者为大哥，兄弟就应该服从大哥。刘伯承高高地端起搪瓷缸，大声地发出誓言："上有天，下有地，今天我同果基小叶丹在彝海子边结为兄弟，如有反复，天诛地灭。"说完一口喝下血酒。我爷爷小叶丹笑着叫"好"！也端起搪瓷缸来大声说："我小叶丹同刘司令结为兄弟愿同生死，如不守约同这鸡一样地死去。"说完后也一口喝干。刘伯承当众将自己随身带的左轮手枪和几支步枪送给了我爷爷小叶丹。我爷爷小叶丹也将自己骑的黑骡子送给了刘伯承，在中国革命历史上最著名的彝海歃血结盟就顺利完成。

傍晚，红军先遣部队仍然返回大桥宿营。刘伯承邀请我爷爷小叶丹叔侄一同到大桥，同时，还邀请了罗洪支头人罗洪作一和汉人陈志喜等一同赴宴。刘伯承对我爷爷说：我们还要回来的，将来让你们自治，彝族人管理彝族人。他代表红军将一面书写着"中国夷（彝）民红军沽鸡（果基）支队"的红旗授予我的爷爷小叶丹，并委任我爷爷作为支队队长。整个彝族群众到大桥镇联欢，红军把街上所有的酒都买来，又按价钱收下群众送来的猪羊肉，设宴祝贺结盟。刘司令即席讲话，劝解彝人几个家支组织起来，武装起来，内部不要打冤家，汉保彝，彝保汉，团结打刘文辉的军队。当时就有几十名贫穷的彝族人报名参加了红军。

次日凌晨，红军先遣部队在我爷爷小叶丹的向导下，通过俄瓦、彝海子向北前进，成群结队的彝族人民热烈欢送。刘伯承在喇嘛房与我爷爷小叶丹分手，红军留下了参谋丁伯霖做后续部队的联络员。我爷爷小叶丹派弟弟果基尼迫，并派娃子（即奴隶）沙马尔各、沙马巴黑、西基子达、古（果）基特达做向导，带着果基支队护送刘伯承和红军。红军两万人，单行队列，顺利通过彝区，一直护送到筲萁湾，再由果基阿最支送到岔罗，这是离大渡河最近的第一个小镇。红军的后续部队便沿着彝海结盟这条友谊之路，经过七天七夜，畅通无阻地通过了敌人估计无法通过的彝区，直达安顺场。

听到这里，我们的心灵受到深深的震撼：红军走小路，顺利通过彝区，为飞夺泸定桥，强渡大渡河，赢得了宝贵时间。事情不大，意义深远。可以说对红军胜利完成长征以至对中国革命的胜利，都作出了不可磨灭的巨大贡献。

这次彝海结盟，赢得了民心，密切了红军与彝族人民的团结，是党和红军第一次成功地实施民族政策，是党的民族政策的胜利，体现了少数民族对红军的爱戴和军民团结。同时，也为我们党对少数民族实行正确的民族政策，提供了可资借鉴的宝贵经验。

果基伍哈继续讲述：

红军在冕宁时，冕宁县成立了抗捐军，国民党回来后，抗捐军也走到大桥镇，追赶红军了。国民党就来追究、报复我爷爷小叶丹家支。我爷爷小叶丹没有屈服，一直坚持和国民党斗争。

一次，国民党拉来两车军队打我爷爷小叶丹果基家支。我爷爷坚决抵抗，事先埋伏在国民党军队必经之路的两旁，突然袭击，打死国民党七八十人，自己只死了两个人。国民党恨死了我爷爷小叶丹，于是，他们收买其他地方武装，和我爷爷作对，伺机报复，袭击我爷爷。1942年农历五月五日，我爷爷与陈志喜一起出去联系，从一家理发店走出来，被两个事先埋伏在暗处的歹徒杀害。

爷爷去世后，果基家族陆续向国民党赔了很多金银财宝，拉走了几十板车。因为国民党的残酷迫害，奶奶被迫离开家寨，东躲西藏。爷爷曾跟奶奶说，刘伯承司令说过，你们一定要等我们回来，要让彝族实行民族自治，嘱咐奶奶一定要把刘伯承交给的“中国夷（彝）民红军沽鸡（果基）支队”红旗保管好，等刘伯承司令员回来，要亲手交给他。国民党多次逼奶奶交出这面红旗，奶奶始终不交。实在没地方藏了，奶奶就把红旗缝在她自己穿着的裙子的夹层里，国民党怎么也没有搜出来。1952年，奶奶把寄托着爷爷小叶丹的深深情感和她用生命保护的这一面极其珍贵的红旗交给政府。现在这面红旗，珍藏在中国人民解放军军事博物馆里。

冕宁一解放，刘伯承就指示当地驻军的有关领导：“第一个要找到小叶丹，中央已决定小叶丹参加西南军政委员会。”刘伯承司令员一直惦记着我爷爷小叶丹。那时，他还不知道我爷爷已被杀害。党和政府实现了刘伯承的承诺，

“中国彝民红军果基支队”旗

彝族实行自治，彝族人民自己当家做了主人。

解放后，党和国家非常关心彝族人民的生产、生活。毛主席说彝族人民对中国革命作出过突出贡献，过去那个“夷”字，有歧视意味，要改为“彝”字，这个“彝”字，整体上标志着彝族人民顶天立地，其四个组成部分，分别体现着政治地位，有饭吃，有衣穿，有房子住，幸福地生活。

我们和刘帅家成了亲戚，刘帅的儿子刘太行，经常到我们这儿

来走亲戚。刘帅的夫人汪奶奶去世时，我们也去吊唁。

你问我们家族还有什么人？我伯爷爷只有一个孙女五十几岁。我父亲兄妹四个，两个姑姑，大姑家没人了，二姑家有一个孙子伍龙在北京。

1993年，李铁映同志把我招到中央民族大学上大学，现在在凉山州安监局行政审批科任科长。我的小学，是在彝族小学上的，三年级后到冕宁县上学，因为当时我的小爷爷在冕宁县当政协副主席(84岁时去世)。我初中毕业后，到凉山州民族中学读书到高中二年级。我妈一个人带着我，供我上学。那些年，家里十分困难，我妈能凑多少钱就凑多少钱，供我上学，家里没有钱了，我妈就四处找亲戚朋友借生活费，直到供我上了高中二年级。

当时，《凉州日报》的记者了解到我家的困难情况，感到一个对中国革命作出过杰出贡献的小叶丹的后代的这种境遇应该得到社会关注，便撰写了一篇报道刊登出来。后来，《羊城日报》转载了这篇报道，被时任中央政治局委员、国务委员兼国家教委主任的李铁映同志看到。他当即作出批示：接小叶丹的后代到北京中央民族大学读书，同时，接我的表哥到中国人民大学读法律。因为1993年我才高二，就安排了一年预科，那年表哥是高三，直接读的大学。李铁映同志代表党和政府对我们小叶丹后人的亲切关怀，彻底改变了我们表兄弟俩的命运。毕业前，时任中央政治局委员、全国人大副委员长、中国社会科学院院长的李铁映同志请我们吃饭，希望我回来建设家乡，我就回到了家乡凉山州工作。

党和人民没有忘记我爷爷小叶丹，没有忘记小叶丹的后人，我们全家都十分感动。目前，我被推选为四川省政协委员，我要做好本职工作，努力报效国家，奉献社会，服务人民，像我的爷爷小叶丹那样，为中华民族的伟大复兴作出自己无愧于祖辈的应有贡献。

采访结束了，我们的心情久久不能平静。小叶丹的历史贡献，功不可没。我们的党、政府，我们的各级领导没有忘记他及其后人，这是令人欣慰的。

刘伯承司令员与彝族首领小叶丹彝海结盟，在中国革命历史上书写了富有传奇色彩的感人篇章。小叶丹就是为了帮助红军，坚持与国民党斗争，遭到敌人暗算的，虽然他没有看到中国革命的最后胜利，没有看到中华人民共和国的成立，然而，他对中国工农红军长征作出的贡献，为中国革命作出的贡献，永远镌刻在中国革命辉煌历史的丰碑上。

20世纪90年代，在中央、省、市、县党政军的关心支持下，当地兴建了"彝海结盟纪念碑"，碑文最后写道："彝海结盟是民族团结和军民团结的典范，是中国共产党民族政策的胜利，是红军长征史上光辉的一页。"

为推动爱国主义教育活动深入开展，迎接新中国成立60周年，经中央批准，中央宣传部、中央组织部等11个部门联合组织开展评选"100位为新中国成立作出突出贡献的英雄模范人物和100位新中国成立以来感动中国人物"活动，小叶丹被评为双百人物中100位为新中国成立作出突出贡献的英雄模范人物。

（摘自《中华魂》2012年第17期）

# 陈云的回忆

……

五天以后，红军即北上，由会理、德昌、西昌、泸沽、越西，而至大渡河边，每天行程六七十里，计行29天。红军因急于抢大渡河，故未攻西昌，绕道而北上。自会理到大渡河边，为沿安宁河之大道，平坦处有20余里之宽度，但狭隘处只一安宁河与河边之小道而已。安宁河两旁均系高山峻岭，东为大凉山，西为雅砻江流域之高山。这两旁高山都住彝家，汉人只居于沿安宁河之大道上，且每家筑有碉楼，因彝汉民族冲突甚烈，彝家时常下山攻击汉人村落，故筑碉以御之。红军至泸沽时，即分兵两路，小部至富林南岸，佯作强渡姿势，以吸引对河之敌。大部则由泸沽向西北进，占冕宁县城，而企图

陈云（1905—1995），伟大的无产阶级革命家、政治家，杰出的马克思主义者，新中国成立后，任政务院副总理兼财政经济委员会主任，是中国社会主义经济建设的开创者和奠基人之一。长征中在担负全军后卫任务的红五军团任中央代表，后任军委纵队政委。

在大渡河边之安顺场渡河。但由冕宁西北50里之大桥镇而至安顺场，须经过彝民所居之高山，历时两日半，这是红军当时之一大困难也。

四川之彝家为川人所最恐惧者，安宁河以东之大凉山为彝家之根据地。大凉山面积极大，南至宁南县，北至大渡河，西起安宁河，东至金沙江沿岸之雷（波）马（边）屏（山）。冕宁西北，直至康定以南，均属彝家区域。此处彝家，相传为诸葛武侯征伐之所谓“南蛮”。在冕宁西北之彝家山上确有哑泉，饮之即哑。冕宁县志及宁远府志均有记载。彝家均有武装，有数千快枪并有少数手提机关枪（只就冕宁西北山上的彝家而言），均缴自汉军。沿安宁河两岸土地，本为彝家之土司官所有，但自刘文辉成都失败而入雅州后，即驱逐彝家土司官而据其土地为己有，因此彝家与刘家军结仇甚深。实际上政府官吏之统治，只及于沿安宁河两旁平原上之汉人而已。彝家则不受统治，而且抗缴一切租税。政府军队通过彝家之山时，必须大队，一团以下，可被缴械。

此处彝家不若蒙古、西藏等民族。彝家还系部落。性情多猜忌，疑虑无定。各部落之间，常有世仇，故常相械斗。彝家之生活，半为游牧，半为种植。种植以玉黍为多，畜牧牛羊马为多。

彝家中有两种阶级：一为黑彝，即为彝家中之统治阶级；一为白彝，白彝即为黑彝之奴隶，终身为黑彝耕作，除衣食外，其他无所得。黑彝随时有权置白彝于死地。每一黑彝，常有白彝数百人少则数十人为之耕作，黑彝则终岁不劳动。黑彝与白彝不通婚。现在黑彝人数渐少，但仍保有其统治势力，所谓土司者即此辈黑彝中之首领也。白彝原系汉人，系由黑彝掳来。黑彝将汉人掳来以后，常由大凉山与冕宁西北山上之黑彝相互交换掳获之汉人，使其不知道路而不能逃逸。黑彝并为白彝之男女配婚，均称男女白彝为娃子（意即四川话之孩子)。但每一黑彝家必信任一个白彝为当家娃子(如当家人)。当家娃子掌有一切银钱出入及日常事务之权。因过去汉人只笼统地不分黑白只反对彝民,加以彝民中之文化落后,所以白彝都助黑彝反对汉人。遇与汉军作战时,白彝均参加。

汉人之与彝家贸易,系由通司翻译,亦有彝家能汉语者,但黑彝恐汉人杀之,故不下山,遇事则命白彝与汉人往来。彝民常以兽皮、麝香等物售于汉人,换布匹及盐而回。

彝民之服装与汉人完全不同,头包青布而在脑后坠下一尺布。如上海之印度马巡。有些鼻穿银环。不论男女,均悬耳环。耳环不是金属制,而以骨制,共有三四颗或圆或长圆之骨块连成一串而挂在耳上。面部熏黑。身上穿的如和尚之袈裟,系由羊毛自织而成(此种外衣,质轻而软,且可御风,极适于行军之用)。腰系带。彝民所居之山上气候一日数变:中午炎热,下午4时起发巨风,晚八九时下雨,次晨天晴。我们经过彝民之山地历时七八天,均系如此顺序不变。因每日气候变化甚烈,所以彝民出门,不论何时,必将外衣带在身上。遇发风落雨即以外衣裹身。彝家每人身携利刃,用以防身,亦用以割肉进食。足有绑腿,终年不穿鞋袜,只少数穿草鞋。但彝民生长山地,善于爬山。红军于山路行进时,彝民则由路旁之山石攀登而上。而且上山之快,宛如猿猴。

彝民生活之痛苦,远过于汉人。汉人还能耕平坦之田亩,彝民之田亩,日渐被川军之官长及当地官吏所侵占,而只耕植于山地。在山下远望彝民所耕种之山坡上的山地,倾斜度几如削壁,望之可怕,但彝民终年耕植于此。因其只耕种山地,故彝民平日所食者,亦只玉黍而已。至于彝民所居之家室,则更鄙陋不堪,以竹木编为壁,上覆松树皮,潮湿特殊,跳蚤成群。

红军所过之彝民居住之山,共有彝民十余部落。当红军之前卫团出大桥镇上山20里时，即有三个部落之彝民在前后及左翼包围红军，意欲缴枪。但红军善用宣传政策，向白彝声明共产党主张国内各民族一律平等，反对汉人军阀压迫彝民，并提出为彝民所迫切希望之要求“打刘家”（意即打刘文辉的军队，因刘文辉压迫彝民甚烈）。当时红军领袖即与当前的一部落名“沽鸡”（果基）者以鸡血充酒，与彝民领袖共饮，表示歃血为盟共打刘家。经过歃血为盟后，“沽鸡”（果基）一部落彝民非但不打红军，而反被红军收编作“红军游击支队”，而与红军引路及招抚“阿越”、“罗洪”等十余部落。此后红军全部过此彝民山时，彝民则牵牛送羊欢迎红军于道旁。红军则以皮衣、旧枪、盐、布送彝民。故当时我等日夜恐惧之彝民山地，如此竟安然地通过。

走完彝民山地，即至开罗场，该镇有人户20余家。但此处有一趣事可记者：刘文辉驻西康打箭炉之队伍，米粮须由西昌府供给，故刘军设粮站于开罗场。当红军前卫行抵开罗场时，刘军粮站之人员还以为南京军至，亟为设筵招待官长，并将军米如数点交，计有4000余包。每包60斤以麻皮袋装之。红军领袖将此项军米照数发给各红军部队，剩余甚多，悉发当地民众。我至开罗场时，正见民众不论老幼均肩负一袋回家，面有喜色。询之则云：“红军先生，我们白米好久没得吃了。红军来了，才把刘家的米发给我们吃。红军好！”刘文辉之搜刮民食反以之济红军，而红军则以发给民众，此则愈使当地民众反对刘军而欢迎红军矣。

自开罗至大渡河边之安顺场为60里。红军政治部谓安顺场为“有革命的历史意义的地方”。原因是太平天国时，北王韦昌辉杀东王杨秀清后，当时太平天国内部顿起分裂，石达开率部离南京而入川，安顺场即为石达开兵败身擒之处也。当晚我为政治部副主任李富春诊脚病，适李召见一老者，年已90以外，为当地之童馆教师，尝亲见当年石达开在此失败

陈云

者，正由李富春享之以酒肉，请其讲述石军历史。据老者言，石军到安顺场时尚有五六万人，刀枪马匹无算。但一至安顺场，忽遇上游大水，安顺场前面之山水暴发不能渡河。前有大渡河，右有清军，且拆断小河之铁索桥，左为山崖绝壁，后为彝民，且当时彝民之数量远过于现在，石军被困于此者，凡四十七天。当时军心不固，而石氏本人亦动摇，故自缚入清营。石军均为俘获。老者并云“长毛”并非强盗，自称“复汉驱胡”。石部对人民甚和气，军队有纪律。老者并云：“红军之纪律则较翼王（即石达开）军更好。”据老者之所云若是。石达开当时未能渡过大渡河而失败于大渡河边确系事实。我后见沪川各报，蒋介石亦曾引石军为例，以比喻红军之必然不能渡过大渡河而失败于河边。但红军竟安然渡过大渡河，故红军颇以之自豪，认为渡过大渡河是历史上的军事胜利。

（摘自陈云：《随军西行见闻录》〈1935年秋〉，红旗出版社1985年版）

# 长征日记：巧渡金沙江，通过彝民区 /萧锋

## 一九三五年

**五月三日　阴、雾**

晨七时出发，到长箦宿营，行程一百二十里。沿途利用宣传棚积极宣传：天下穷人是一家，只有团结才有力量；红军是共产党、毛主席领导的工农队伍，打土豪分田地，官兵平等，军民亲如兄弟。

我师一团已占姚安，二团过七街、六苴、宜就、中和，到永兴渡口露营。传三军团在洪门渡江，九军团在巧家缴获十万斤盐和许多宣威火腿，分给群众。

师部总结月余来滇、黔行动。这个大圈子转得可妙，把薛、吴、龙、王等军阀都甩在后面。大家都说，毛主席、周副主席、朱总司令的棋子下得好。起初，有人对东奔西转、南下北上有意见。现在，

萧锋（1916—1991），中国人民解放军少将，新中国成立后历任华东军区装甲兵副司令员、北京军区装甲兵副司令员等职。图为长征中的萧锋，《萧锋日记》记录了萧锋在长征中的经历。

大家都更明白了，转是为了甩开敌人，保存红军实力。我们青年人转来转去无所谓，主要是年老体弱的同志们辛苦。大家为了革命，再苦也无所畏惧。

这里产甘蔗，糖饼很多，老百姓拿来当菜吃。打土豪后，举行会餐，吃火腿、腊肉，大家吃得很香。

**五月四日　大雾**

晨七时出发，经墓古到龙街渡宿营，行程九十里。对岸是川军，不时向我南岸打枪。金沙江河床宽，水流急，大浪咆哮，架桥很困难，又无船只，大家很焦急。

军团告：准备在永兴、湾碧间强渡。关键是船，准备找船，做木排子，挑水手，定要渡过去。

**五月五日　晴**

午找李师长、黄政委询问过河情况，心里挺急。敌人仍在对岸打枪，我们一只船也没有。谭主任说，一团参加强渡。部队极疲劳，但想到前有金沙江，后有蒋介石，四处悬崖陡壁，穷山恶水，往哪里转？一定要渡过金沙江去，这是关系到红军生存，关系到苏维埃运动的命运，关系到北上抗日的大事。毛主席、周副主席、朱总司令很关切渡河的事。这是关键时刻，四个军团都在想法渡江。据讲，干部团已在绞（皎）平渡巧渡成功。

**五月六日　晴**

军团告：刘伯承总参谋长带军直干部团侦察连、二营副营长崔海元、五连连长萧应棠等乔装国民党兵，抢占姜驿镇渡口，夺了十五只船。五月一日晚，在绞（皎）平渡把全团人马渡了过去。

又接周副主席、刘总长电令：一军团赶紧沿河东南转绞（皎）平渡，从三军团后渡江，五军团担任掩护。我们这里确实难于过江，遵照军委电令，兼程前进，寻找机会按时渡过江去。

晨七时出发，经长河口到拉培村宿营，行程八十里。路实在难走，敌机又在不时地扫射，一天功夫才走几十里。因为急行军，战士们走得斜头歪脑，牲口丢了一半。在危急关头，要做好政治解释工作，哪里方便就从哪里渡。二团占领万德镇，师直属队跟在一团后，经小米支、甲里、放山果、父油照，在坪地消灭敌保安团一个连，大家挤在坪地上露营。

**五月七日　晴**

晨七时出发，一团为前卫，起程经到尘河、五曲沟、热水塘、羊进德、以鸡嘎到老力新村休息时，听到东北方向有炮声，也许敌人追兵到，让他们捡我们的烂草鞋去吧！我们赶到下龙门、三家村宿营，因路难走，行程七十里。师直属队打九家土豪，二团消灭保安团四百多人。这一带是山区，木材多，煤、铁多，但工农很穷，这是土豪劣绅残酷剥削的结果。

**五月八日　晴**

晨出发，经鲁村、沙田、昌莫、木落寨古渡到河口宿营，行程六十里。师告，按一团、师直属队、二团、三团顺序行军渡江。东面炮声仍很激烈，敌机不断捣乱。谭主任要我负责全师收容工作。

我带收容队准备过江时，看到刘伯承总参谋长坐在南岸江边，催部队快过，并指挥两岸架起水机关枪对付敌机，来了就打。白天过江，炸弹落不到船中间就是胜利。能多过一船战士，就多一份力量。这次渡江十分艰苦，收容队忙得很。

据方面军总部参谋讲，毛主席是五月三日傍晚过江的，他和周副主席、朱总司令、刘总长亲自研究全军渡江的问题，在江边的几个破石洞里住宿和工作。直到全军快过江完毕，他们才赶到前面去，刘总长留下指挥最后一批同志过江。

**五月九日　晴**

我们收容队带着全师掉队的百多人，昨半夜从老马田摸黑夜渡安宁河，幸河床窄，二十分钟就渡过了。今上午九时出发，经中武山、大店子、小水井、老村沟、通安镇、长官街、吉区、黎溪城到羊地屯、风宿村宿营，行程七十里。中央军委在长官街。三军团走在前面，正在攻打会理城。前面部队走过，什么东西都吃光了，粮食很困难。我们饿点没有关系，无论如何要保证毛主席、周副主席、朱总司令和刘总长等首长的食物。他们的健康，是我们胜利的保证。

**五月十日　晴**

午后四时出发，经会理东之寨河村，到易门宿营，行程九十里。在绞（皎）平渡帮助我军渡江的三十六名船夫，经过九天九夜的紧张工作，终于把全部红军渡过了江。刘总参谋长决定，发给他们每人每天五块现洋，还杀猪宰羊，请他们吃饭。最后，又重奖给每人三十块现洋。船夫们看到红军那么好，很多人都要求跟着红军北上抗日。

**五月十一日　晴**

晨出发，经摩溪营、定旧街到太平场、益门一带宿营，行程七十里。军委纵队在会理北丙谷，我们一军团直属队在益门驻扎。

听说三军团宣传部长黄镇同志编了活报剧《一只破草鞋》，讽刺蒋介石数十万人马追不上红军，捡到的只是红军丢掉的破草鞋。毛主席指挥得这么巧妙，在历史上是没有的，红军真是天兵天将。

**五月十二日　晴**

晨出发，经铁匠房、永定营、芭洞到德昌城宿营，行程七十里。德昌城不错，煤很多，它是红二师占领的。部队在这里休息两天。城内货物较多，三角钱买只母鸡。红军买卖公平，群众非常欢迎。

德昌县苏维埃政府成立了。各连突击队继续扩红，很多穷苦娃子都愿意当红军。

听说会理敌人有四个团，工事很坚固，彭德怀军团长率领三军团在会理奋勇进攻，敌人凭着工事顽抗，我军有七十多名同志伤

萧锋将军

亡，攻击未奏效。

谭主任传达上级首长总结我军在黔、滇、川的英雄行动：

遵义会议后，红一方面军在党中央、毛主席的领导下，摆脱了机会主义路线统治时期的被动局面，实行机动灵活的运动战方针，迂回穿插于敌人重兵之间，巧妙地调动和打击敌人，进行了著名的四渡赤水战役（我们三团共过了八次赤水河），接着南渡乌江，威逼贵阳，西进云南，胜利渡过金沙江，跳出了数十万敌军围追堵截的圈子，粉碎了蒋介石妄图围歼红军于黔、滇、川边境的反革命计划。

**五月十四日　晴**

昨晚师政在德昌县城召开部务会议，传达中央政治局会理会议精神。在会理会议上，中央分析了过金沙江后的新形势，认为在这个时候跟敌人硬顶不行，绕点圈子多走点路，是必要的。会议强调了要团结一致，克服困难，顽强战斗，继续北上抗日。要绕道到川西同红四方面军会师。

今晨出发，继续北行，经麻粟寨、黄连关到王家营、河西宿营，行程七十里。沿途群众欢迎红军，扩红三十多人。

蒋介石还在派兵追我们。五军团十五师参谋长胡训带领十四、十五、十七团在灌阳、新圩抗击追兵。我看到十五团政委钟赤兵、参谋长何德全、十七团团长李屏仁。一路上，五、九军团都是担任阻击掩护任务，吃尽了苦头。我们要向兄弟军团学习，提高军事技术，培养对空特等射手，用机枪对付敌军飞机。

**五月十五日　阴**

晨出发，经马安山、尧安桥到西昌城宿营，行程七十里。准备过彝族区，我们的政策是：同彝族兄弟团结抗日。

战士们不断问：又往北走，走到哪里去？军事机密不好讲，只说到四川去。有人说，我们经过长期战斗，骡马死了一半，很困难。这里敌人不多，生活也不错，可以多住一个时期。在困难的时候，共产党员只能绝对服从党的领导，党中央、毛主席指到哪里，我们就战斗到哪里。

**五月十九日　晴**

晨出发，经礼洲（州）、沙坝到泸沽宿营，行程八十里。走过小相岭，在群山中钻出来，同吴富善等同志一起打土豪，吃了餐炒辣子鸡，大家说真过瘾。红一师组织科长陈雄拿着朱总司令发布的《中国工农红军布告》，念给大家听。这个布告六个字一句，写得很顺口（“夷”现均为“彝”）：

中国工农红军，解放弱小民族；
一切夷汉平民，都是兄弟骨肉。
可恨四川军阀，压迫夷人太毒；
苛捐杂税重重，又复妄加杀戮。
红军万里长征，所向势如破竹；
今已来到川西，尊重夷人风俗。
军纪十分严明，不动一丝一粟；
粮食公平购买，价钱交付十足。
凡我夷人群众，切莫怀疑畏缩；
赶快团结起来，共把军阀驱逐。
设立夷人政府，夷族管理夷族；
真正平等自由，再不受人欺辱；
希望努力宣传，将此广播西蜀。

**五月二十二日　阴**

晨出发，经马房沟到冕宁县城宿营，行程九十里。听到红军的消息，国民党县官、民团和土豪劣绅早逃走了。这里的彝族和汉族人民在地下党组织的领导下，热情迎接红军。红军打开监狱，放出了受苦刑的彝、汉人民。那些蓬头赤脚、披麻布毡的彝人，见了红军还下跪表示欢迎，我们扶起他们。红军保护商店做生意。街上家家户户挂灯结彩，贴满红绿标语，欢迎红军。许多人都说红军好，要求当兵。有个卖油条的小贩，十九岁，名叫姜振华，也参加了红军。

**五月二十三日　阴**

晨七时出发，经大桥到拖乌车厂宿营，行程八十里，进入大凉山地区了。看到好些战友的遗体，说是被凉山彝族中的反动武装杀害的。

总参谋长刘伯承和军团聂荣臻政委、罗瑞卿局长、萧华部长等直接率领先遣部队，经大桥镇、俄瓦拉（垭）口、余家海子到达喇嘛房，进入了彝族区。红军坚决执行党中央的民族政策，到处张贴和宣传朱德总司令发布的《中国工农红军布告》。

听说彝族古（果）基（即沽鸡）家首领小夜（叶）丹亲眼看到红军的行动，很受感动。便派人和红军联系。小夜（叶）丹要和刘总长结拜盟兄，刘总长答应了，形式挺有趣，地上摆两碗清水，小夜（叶）丹捉只公鸡，割下鸡头，滴血到碗里，然后一人一碗，边喝边宣誓。宣誓结盟后，小夜（叶）丹就带着古（果）基家的彝民高喊盟兄团结，抗日救国，并下令各寨让路，出寨欢迎，送粮备草，带路参军。他们还在红军的帮助下，组织了“中国夷（彝）民红军沽鸡（果基）支队”。刘总长送给他们二百支步枪，一千块银元和一面红旗。

刘总长等率领先遣队过大凉山彝族区，经过孔明寨，听说那是三国时诸葛亮“七擒孟获”时驻扎蜀军的兵营。今天我们红军不擒不捉，用毛主席的政策团结了少数民族。

（摘自萧锋：《长征日记》，上海人民出版社1996年版）

# 冯文彬的回忆

在微明的月光之下，我们几个人骑着马在西昌坝子中走着，向着左面右面前面望过去，看不到山岭，只见一片平地，故谓之西昌大坝子。几天夜行军没有睡眠的我们，昏昏沉沉走了五六个钟头。到达礼州，经过了一条很长的街，继续向前走，去找寻军团司令部。大概是下半夜三点钟的时候，开始休息了。

第二天上午，在红热的太阳之下，我们又开始走了。在弯曲不平的石子路中，经过了不少的村庄。这些村庄的群众，都摆着摊子卖糖、饼、点心，特别多的是杏与其他水果，虽不十分好吃，但在此时行军路上还是不差。下午两点多钟的时候，已走到了先遣团——红一团住地之泸沽。

冯文彬（1910—1997），长征中，1935年1月，任红一军团政治部组织部副部长兼巡视团主任。9月任红军陕甘支队第一纵队一大队政治处主任。新中国成立后历任中央党校副教育长、副校长，中共中央办公厅第一副主任，中共中央党史研究室副主任等职。

街上的店铺都还开着，满街都贴着“欢迎红军”的条子，插着“欢迎红军”的旗子。

开了干部会，进行先遣团任务的动员后，正在团部休息，有一个20多岁的妇女跑来说，她的老公是共产党员，于今年一月间已在成都被捕入狱了。她因生活关系，到此亲戚家里，要求同红军行动，在红军中工作。我们因为有先遣任务，所以交给后头的政治部处理。

## 一晚九十里到冕宁

晚上9点钟的时候，集合号音吹起来了。在历史上有过不少战绩的红一团，在指挥员率领之下，一队队在月光之下集合了。只听得满街的脚步声、嘈杂声、咳嗽声，是后续部队已到了。

走了20里的地方，见满街点着挂着红灯，写着“欢迎”的字样。休息一下，无数的群众都围拢来了，拿着茶壶、茶杯，和蔼地叫着：“先生吃茶。”有的拿着点心、糖，请我们的战士们吃。大家都笑眯眯地不敢接受，硬要拿钱给群众，说着：“同志，你不要钱我不吃。我们是工人农民的军队，公卖公买。”

休息后又开始前进了，沿途濛（蒙）雾中见着被土匪烧了的村子与街道，过了不少的桥，战士们都在不停脚地走着。“天明了，休息一下，大家把服装整理好。”团长在说着。

到冕宁城。噼噼啪啪一阵爆竹声，只见满街挂着红旗，贴着红绿标语，写着“欢迎为民谋利益的红军”“拥护共产党”“红军万岁”等口号。一进城，街上民众，见我们笑嘻嘻地拱手为礼，有的口里说着“官长先生辛苦辛苦”，有的见了轻机关枪、迫击炮，说：“这是机关炮”、“这是大炮”。忽然来了三四个蓬着头，打着赤脚，披着麻布破毡子，耳朵上挂着红条的采石，面带黄黑的彪形“倮倮”，见了我们立即跪下作笑，表示欢迎致敬之意。我们连忙两手把他们扶起，他们欢喜不已。

街上店铺照常开着做生意，有杂货店，有茶馆，有摆小摊子的，还有卖肉包子的。他们说："昨天下午已知道你们要来，县长带了二三百个民团已跑了。昨晚一晚城门都没有开，大家等着你们来。"……"听说你们在泸沽对老百姓都很好，公卖公买，打富济贫，保护穷人、商人，所以我们大家都不怕，没有跑……"

队伍在街上休息，吃了点心后，又继续前进了。我们到天主堂休息，弄中饭吃。中国传教士很客气，招呼我们坐，五个外国妇女亦来，都请他们不要走，问问消息与情形。"倮倮"见了酒马上就喝，几口便把一大瓶酒喝得精光，一下子喝醉了。请他们吃饭，更加高兴。

## 到"倮倮国"边地的大桥

在弯曲不平的乱石子路上走了不到十五里，忽然满天布上了黑云，雷电大作，暴风雨袭来了，即在路边一个小亭子中避了半点多钟。再走了十余里，到山脚下，地方工作组在打土豪。见"倮倮"穿了土豪的长袍子，笑嘻嘻地，见了我大叫几声，表示欢喜，并向他穿着的土豪衣服看了又看。

队伍于下午已到了大桥。恰巧在部队刚到大桥的时候，"倮倮"有几百名聚集来大桥抢群众的东西，见红军一来，马上四散而走。当时捉获十余人。据当地群众说：这是离此十里之"倮倮"罗洪家，经常来汉人区域抢东西。今天"倮倮"准备来烧大桥的，红军一到，救了他们。他们高兴得很，送酒啦，帮助煮饭啦，杀猪啦，大家都高兴地拥护红军。

我们对俘来的"倮倮"，一面用酒饭优待他们，一面给以宣传，说明："红军是保护穷人利益的，'倮倮'与大桥群众都是穷人，应该联合起来打土豪，不要自己打自己。"经过宣传后放回去。

## 进"倮倮区"

第三天早晨，在清晨的太阳下，开始前进了。走了十里路上山。上山约有十里，见赤身露体的男女三三两两一小群一小群地走来。他们见了我们，个个都胆战心惊地发着抖，并假说是小商人，特别是女的，洋烟吃得瘦成鬼样子，低着头在队伍的旁边过去了。以后听说这是冕宁县政府的官员及刘文辉部下的一个团长的太太们，在经过这个山的时候，被“倮倮”缴了枪，他们是侥幸放回的。

我们的向导（带路的）说：“县政府及刘文辉对待‘倮倮’很凶，要抽他们的捐，每年叫‘倮倮’送牛及羊、骡子，到县政府去进贡。常常将他们的头子捉去坐牢，冕宁城里就关有百多个。不卖东西给他们。有时捉去了杀掉几个，表示威胁。这次这些官员听说红军来了，同一团人要想逃到西康去，到‘倮倮’区，被‘倮倮’包围消灭了，还打死了很多。”

队伍继续像铁流一样走着，不停脚地爬着山。走到大约有二十余里的地点，正在一个山坳森林中，尖兵长跑步回来报告说：“前面巴马房有几个‘倮倮’不准我们通过，怎么办？”我立即带着向导到前面去看，见两边山上坐着“倮倮”，见我过去，大家都跑了，到处只听得大叫“呜呼”“呜呼”。用了很多方法，做了很多宣传，经过汉人的翻译，找来了几个“倮倮”，向他们解释，讲了一个多钟头，结果他们说：“娃娃（即白彝，为黑彝的奴隶）们，要点钱让你们通过。”我说：“要多少？”他说：“要二百块。”马上给他二百块，大家一抢而散。又用种种方法找来了几个代表，我们又向他们解释了许多话。他们说：刚才的钱是给张洪家的，我们沽鸡（果基）家，娃子亦要给他们点钱。又给了二百块大洋。

正在进行宣传与交涉的时候，“啪！啪！啪！”后面打起来了。据后面来的报告说，昨天我们刚到大桥时，企图火烧大桥的，就是罗洪家。因昨天被我捉住的几个人，今早虽已释放，尚未到家，所以打起来了。我们为了自卫起见，不得不把他们打退下去。结果，我们后面工兵连的几个战士的衣服被脱去了。

后面还在打。我们仍在不断地向“倮倮”沽鸡（果基）家宣传着，告诉他们：“同红军联合起来打倒汉官，打倒压迫你们的刘文辉，打汉人的财主，分财主的衣服粮食。”经过了这一次宣传以后，有一个说：“我去找爷爷来。”过了一会儿，来了一个很高很大的汉子，打着赤膊，围着一块麻布，打着一双赤足，披着头发，左右后面跟着背了梭镖的十几个一样装束的青年，见了我即坐下。又谈了一些话后，他自说：“我是沽鸡（果基）家的小姚大，要见你们的司令员，我们大家讲和不打。”我一面派人去告诉司令员，一面带着他走。他带着娃娃一块儿走着，翻过一个坳，过了一个森林，见了我们的队伍拿着枪上着雪白刺刀、站着在担任警戒，他又不愿再走了。顾其意好像是怕我们把他捉去，经过解释，他还是靠着山上走，不肯走路。

经过了森林，到了一个坪里，有一个清水池塘，名为海子边，见我们的刘司令员（刘伯承同志）来了，我马上介绍给小姚大，他立刻双手鞠躬行礼，即在塘边坐下。小姚大问：“你是司令员？”刘答：“我是司令员。”又说：“你姓什么？”回答：“我姓刘。”他即说：今天后面打的不是我，是罗洪家。并说要同司令员结义为弟兄。刘司令员马上答应可以，小姚大叫娃娃到家里去拿一个鸡子来。

太阳已快下山，一个“倮倮”用碗在塘里舀了一碗清水，一只手拿着一只鸡，一只手拿着一把刀，口里念着：“某月某日，司令员、小姚大在海子河边结义为兄弟，以后如有反复时，同此鸡一样地死。”念完，立即用刀把鸡头一斩，鸡血淋滴在冷水碗中，以后即将血水分作两碗。小姚大要求司令员先吃，刘司令员拿起血水碗大声说：“我刘司令员同小姚大今天在海子边结义为弟兄，如有反复，天诛地灭！”说了一口而干。小姚大一面大笑说好，一面亦拿着碗说：“我小姚大于今日同司令员结为弟兄，愿同生死，如有不守这事，同此鸡一样死。”亦一口吃干。

经过了这样吃血宣誓之后，小姚大及“倮倮”才大放心，带了十多个娃娃，牵着一匹黑骡子，背着梭镖及缴来的枪，同我们一齐下山。

## 回到大桥

我带着小姚大他们十几个"倮倮"下山，经过汉人住的村子，男女老少都站在路边看，插着"欢迎红军"的红绿旗子，摆白米饭酸菜，送给我们。我们个个战士都给钱买吃，但"倮倮"见了，拼命地吃，亦不说一句话，吃了就走。汉人便骂，我们给以解说，并代他们付钱。

进了大桥街上，只见满街已挂着"欢迎红军"的旗子。见了我带了小姚大回来，大家便高兴称奇，都说："好了好了，小姚大亦捉来了，把他关起来。他很狡猾，不要让他跑了。"有的说："杀了他，害人的家伙！"老太婆说："该死该死，阿弥陀佛！"这里可见在汉人财主贪官污吏的压迫下所造成的汉人与"倮倮"之对立现象。

我们听了这些群众的话之后，马上告诉各连队及地方工作人员与宣传员，到群众中去解释，说："这些'倮倮'他们同我们一样的是穷人，同我们一样地受财主的压迫。他们常常同汉人对立，是汉族的反动统治者对他们剥削压迫的结果。我们要说服他，用打用杀是不行的。"经过了按户宣传后，群众才懂得这些，有的仍不服气，经过无数次解释才了解。

晚上，我们办了一些菜，买了一些酒请他们吃。大家说说笑笑很高兴。吃完饭之后，小姚大见司令员说，明天他要沽鸡（果基）家的"倮倮"到山边上接队伍过去，愿意帮助去打罗洪家，"如明天罗洪家再来，你们打正面，我们从山上打过去，打到村子里，把全村都烧光他！"

我们又向他解释穷人不打穷人，自己不要打自己。他不服气地把头脑一拍："我小姚大不怕他。"

## 出"倮倮区"到筲箕坳（一百二十里）

第二天早饭后，我带着"倮倮"小姚大在尖兵六连后头走，爬上头一个山坳时，见十几个沽鸡（果基）家的“倮倮”拿着红旗，背着长枪，口里叫着“呜呼”“呜呼”，表示欢迎。上了山顶，他们带我们一同到了他们村上的门口，见他们已排好了队，每个都拿着枪镖，打着赤膊，赤足围着麻布毯子，见了我们，大家笑眯眯地站起来，来看我们的队伍。他们今天见了我们的时候，已同昨天完全不同了，好像已经是自己的人一样了。老的小的年轻的，都笑嘻嘻地来接近我们，不像昨天那样害怕我们了。

我们队伍到了村庄面前休息了。小姚大告诉我们，他不能再走了，因为前面已不是他们的地方了。他准备派四个娃娃送我们到前面的村庄，并要挑选二十个娃娃到我们队伍里来学习军事，准备学会了回来可以打刘文辉。我们送了他一支手枪，他更加高兴，把一匹高大的黑骡子送给司令员。我们不肯接受他的礼物，他反而不高兴，表示认真。

我们的队伍又要继续前进了，一路经过卡纳、啊尔那些阿回、阿红等地方，经过“倮倮”的交涉后，都能顺利通过。一个村庄交换一个“倮倮”带路，真好像是中央革命根据地的乡政府一样。我们经过这些“倮倮”村庄的时候，有的在山上叫“呜呼”“呜呼”，经过带路的“倮倮”回答之后，就不叫“呜呼”了。有的站在路的两边看我们的队伍，有的笑眯眯地夹着队伍同走，见了红色战士身上的手巾、鞋子，马上向你讨，或者抢了就跑。见了坐马的指挥员过来的时候，即拱手讨钱。这可见他们生活的困难。据带路的向导说：他们吃的是苞谷，没有菜吃，除了缴纳苛捐杂税之外，还要帮助刘文辉担任无代价的劳动，帮助军队抬粮食、挑东西。

战士为了要完成先遣任务，个个都不顾疲劳，不停留地走着。大家都抱着一个决心，就是要夺取天险大渡河的渡口。

（摘自《中国工农红军第一方面军长征记》，人民出版社1955年版）

# 通过大凉山 /萧华

1935年春天，中央红军强渡天险的金沙江之后，以风驰电掣之势继续北上，一路上攻占了西昌、越西、冕宁。企图对红军进行阻拦的四川军阀部队，一触即溃，望风披靡。

萧华（1916—1985），文中身份为红一军团政治部组织部部长。新中国成立后任总政治部主任、中共中央军委副秘书长、兰州军区第一政治委员、全国政协副主席。1955年被授予上将军衔。

然而，摆在红军面前的任务还是十分艰巨的。当时尾追红军的国民党军队，已进至金沙江一线，而前头截击的国民党军队，则正向大渡河疾进，红军如果不能迅速抢占大渡河，势必被迫向西转入更为艰苦困难的川康交界地区。因此，当时红军必须排除一切困难，迅速抢渡天险的大渡河。为了执行这个艰巨的任务，左权同志率二师五团一部和军团的侦察连，经越西向大树堡挺进，担任佯动，钳制和吸引富林的敌人；红一师一团和工兵连为先遣队，由刘伯承、聂荣臻同志率领，迅速抢占大渡河边的安顺场渡口，以便掩护中央红军的主力渡河。当时我也奉军团首长命令，带一个工作团，随先遣部队进行部队政治工作和沿途的群众工作。

从冕宁到大渡河，中间隔着大凉山地区。这里聚居着中国西南部一个少数民族——彝族，当时，那是一个还处在奴隶社会的落后的民族。彝族人民性情强悍，部落之间时常因奴隶主互相争夺土地、奴隶、牲畜而引起械斗。汉族商人经常利用彝族人民的朴实诚恳，对他们进行欺诈和剥削，国民党军阀则经常对他们进行“剿讨”和抢掠。这一切，都引起了彝族人民对汉人的猜忌和敌视，种下了极深的成见。他们特别反对汉人的“官兵”入境。显然，在当时要他们能够很快地从本质上理解红军是什么样的军队，是很困难的。

在这种情况下，要顺利地通过这个地区不是一件容易的事情。可是，为了争取时间，我们又必须经过大凉山借道彝民区。我们赖以克服这个困难的唯一武器，就是党的民族政策。我们只能对彝民采取说服的办法，争取和平通过。

先遣队调查了彝民的风俗习惯，在部队中普遍进行了党的民族政策的教育。又请到一位通司（翻译），准备和彝民的首领谈判。

一切准备妥当之后，我们的先遣队于5月22日早晨开始进入彝民区。一路上只见山峰入云，道路崎岖，山谷中林木葱茏，野草丛生，地面上淤积着腐烂的叶子，厚达数寸。山涧之上往往只有一根独木桥，走起来十分不易。这儿天气多变，时而浓云低垂，时而细雨霏霏，使人有一种瘴疠弥漫的感觉。境内有“孔明寨”，相传三国时候西蜀诸葛亮“七擒孟获”的战场就在这里。“孔明寨”便是蜀军兵营的故址。

进入彝民区不远，就看到山上山下，彝民们千百成群地挥舞着土枪、长矛、棍棒，呐喊着，出没于山林之中，企图阻止红军前进。我们不得不缩短行军距离，以防突然袭击。部队戒备着继续前进。

进到彝民境内30多里路的谷麻子附近时，前面麇集的人群拦住了去路，我们不能再继续前进了。彝民们喧嚷着，很难听出他们说的是什么。不过从他们的手势和面部激动的表情上，却能够看出，再要强行通过，势必引起冲突了。这时，后卫又传来一个使局面更加紧张的消息：跟在主力后面的工兵连，因为没有武器，刚掉到主力后面一百多米远，就被彝民把他们携带的架桥器材和其他用具一抢而光，可是彝民并不伤害红军。工兵连的同志只得循原路退回出发地。

先遣队停止前进以后，彝民们便密密麻麻地围了上来。我们要通司大声地向彝民们说明红军同国民党的中央军不同，红军不是来抢劫、杀害彝民的，只是借道北上，并且不在此住宿。可是彝民仍然摆手挥刀，高声喊着"不许走！"正在混乱得不可开交的时候，前面山谷入口的地方，扬起一阵烟尘，几匹骡马直驰而来。为首的一匹黑骡子上，是一个高大的彝人，年50多岁，脸色微褐，身披麻布。他的到来，使喧闹的人群稍微安静了一些。通司认出这人是此地彝民首领小叶丹的四叔。

有了头人，便好说话，看来是解决问题的时机了。我便要通司找小叶丹的四叔前来答话。当通司告诉小叶丹的四叔说红军部队的首长要找他谈话的时候，他欣然

萧华

地同意了，并随即下马，挥退了集聚的人群。

我们首先对他表明了红军是替受压迫的人打天下的，此来并不打扰彝族同胞，只是借路北上。根据彝族人十分重视"义气"的特点，又告诉他，红军刘司令亲率大批人马北征，路过此地，愿与彝民的首领结为兄弟。

听了我们的解释以后，小叶丹的四叔还是半信半疑。可是，当他环顾四周，看到红军的纪律严明，并不像国民党"官兵"那样抢掠烧杀的时候，便对我们的话深信不疑了。特别是听说率领大军的刘司令愿与彝民首领结为兄弟，更加高兴。因而对我们的提议也便欣然答应了。其实，当时红军前进路上的两个彝族部落——"沽基"（果基）和"罗洪"，正在不断械斗，小叶丹便是"沽基"（果基）家的领袖。他所以欣然答应与红军结盟，是想借红军的力量打败"罗洪"部落。红军与小叶丹结盟，则是为了减少北上途中的阻力。当时为了表示信用，我们把一支手枪和几支步枪赠送给他，他也把骑的那匹黑骡子送给了我们。

谈判就这样顺利地成功了。当我把这个情况向刘伯承、聂荣臻同志报告的时候，他俩正在为继续前进可能引起冲突而焦虑。因为如果先遣队不能顺利地解决借路问题，便要影响后面主力的通过。大家正在苦思良策。获悉谈判如此顺利、迅速，同志们都喜出望外。刘伯承同志当即毫不踌躇地上了马，为了团结少数民族的同胞，为了红军主力的顺利通过，他准备去担任这拜盟的主角。刘伯承同志骑马来到了部队的前头。小叶丹和另外几位彝族首领立刻趋前迎接。我把刘伯承同志介绍给他们，小叶丹便跪下致敬。

刘伯承同志下马亲切地扶起小叶丹，以诚恳的态度重申红军的来意，并愿与小叶丹拜盟表示将来红军打败反动派以后，一定帮助彝族人民解除一切外来的欺压，建设自己美好的生活。结盟仪式的准备工作十分简单：两碗清清的湖水，一只雄赳赳的大公鸡。把公鸡的嘴破开，鲜血分洒在两只碗里，碗里的清水立刻变成了殷红色。这便是结盟仪式的全部准备工作。

结盟仪式决定在横断山脉的一个小山谷间谷麻子附近的海子边上举行。海子里的水，清澈如镜，倒映着浓密的树林。春风吹起微波，激荡着岸边的岩石，像是在为这个可纪念的盟誓唱着赞歌。

我们把结盟的仪式安排妥当之后，刘伯承同志和小叶丹叔侄来到海子边上，他们面前摆着滴过鸡血的水碗。

不用香，不用烛，面对着蔚蓝的天和清明的水；主宰这个盟誓的是兄弟民族团结的赤诚。

刘伯承同志高高地端起了大碗，大声地发出誓言："上有天，下有地……刘伯承愿与小叶丹结为兄弟……"当他念完最后一句，便把鸡血水一饮而尽。小叶丹叔侄也立即把盟酒饮完，结盟的仪式便告结束。

夕阳的余晖映红了海子里的水，海子边上呈现出的是友爱、团结的气氛。虽然暮春傍晚的大凉山还是凉风习习，然而人们的心中却是温暖的。

继续前进，当天也走不出彝民区，先遣司令部决定返回30里，在汉族地区的大桥宿营。小叶丹叔侄也被热烈地欢迎到红军的宿营地来。彝族人善于喝酒，先遣司令部把驻村所有的酒全部买来，这些酒量如海的客人也只不过微有醉意。

第二天，小叶丹于清晨先行返回。他的四叔引导红军入境。结盟的消息早已传开，凭着头一天亲身的经历，彝族人民已经相信红军司令与他们的首领结盟是真诚的，红军是不会侵害他们的。他们已不像昨天那样地猜忌和拦阻了，只是成群结队地站在路旁，好奇地、仔细地看着红军的队伍，浩浩荡荡，向北而去。红军纪律严明，秋毫无犯，踏着轻快的步伐前进。经过近百里的强行军之后，便走出了彝族地区。这时天色已晚。

（摘自《星火燎原》第3卷，解放军出版社2009年版。本书选编有删节）

# 聂荣臻的回忆

会理会议后，红军继续北上。一军团一师一团1935年5月17日攻占德昌，俘敌200多人。以后我们与五军团一起向西昌进发，到西昌城边，侦察得知，西昌城高三丈，而且很坚固，城内有刘文辉部守敌四个团和一部分彝族士兵，军委接受了我们的建议，绕道通过西昌，20日进抵泸沽。

聂荣臻（1899—1992），久经考验的无产阶级革命家、军事家，中华人民共和国元帅。新中国成立后，历任中央军委副主席、国务院副总理等职。1935年，聂荣臻任中央红军先遣队政治委员。

这时候，中革军委指定总参谋长刘伯承同志和我，他任司令，我任政委，带领一军团第一师的第一团、一个工兵连和无线电台，再加上萧华同志的一个工作队，组成中央红军先遣队，进行战略侦察，为红军北上开路。接命令后，我和伯承同志就率领先遣队继续向冕宁以北安顺场方向前进。

聂荣臻

与此同时，左权、刘亚楼同志则带领第二师的第五团，经越西占领了大树堡渡口，一方面掩护我军右侧翼，一方面在那里佯渡，借以转移敌人对安顺场方向的注意力。

先遣队的任务，通俗点说，就是逢敌开路，遇河搭桥，特别是前面将要通过彝族区，一定要将彝民的工作做好，保证中央红军安全顺利通过。

中革军委派伯承同志来，能和伯承同志共同完成这项任务，我很高兴。他不仅是个老军人，而且是个老四川；尤其在军事上富有阅历，遇事能深谋远虑，作风上又细致入微；他很注意调查研究，凡事请示报告，从不妄作主张。他过去曾经到过川西一带，对当地地理风俗人情又比较熟。当时那个地方的彝族是奴隶制社会，分为“白骨头”“黑骨头”，我都是听他讲的。我虽然也是四川人，但年少出川，对川西北情况几乎可以说是毫无所知。受领任务以后，先遣队于1935年5月21日占领了冕宁。这是一座县城，守敌已经逃跑。监狱里关了不少彝族首领。原来这是国民党统治少数民族的一种手段，彝族人民如果不听他们的话，就杀这些头头，平时就当作人质。我们放了他们，还请这些头头们喝了酒，气氛就缓和得多了。有的彝族头头懂得点汉语，我们问他，也告诉了我们一些情况，有的还表示愿意给我们带路。但国民党对少数民族的残酷统治，使他们对汉人充满了敌对情绪，民族隔阂很深，对红军是个什么样的队伍，执行的是什么政策，全不了解，所以并没有真心对待我们，仍然使先遣队碰到了许多困难；只是由于我们坚持了党的民族政策，处理得当，才比较顺利地完成了通过彝族区的任务。

5月22日，先遣队开始进入大凉山彝族区。其边沿就是冕宁以北50多里的袁居海子边。知道通过彝族区在当时民族隔阂很深的情况下是不容易的，语言不通，风俗习惯不一样，地形道路根本不清楚，所以我们很慎重，由工作队派丁伯霖同志专门去打听了情况，知道这里彝族有好几个部落。我们刚进彝族区，就有两个比较大的部落，一个叫沽基（果基）家，一个叫罗洪族。这两个部落当时正在"打冤家"。我们一到就听见几声土炮响，一打听，原来就是他们两家在那里打。听说红军来了，沽基（果基）家想要红军帮他"打冤家"，所以对我们表示友好。而罗洪族则跟我们敌对，想袭击我们，我们打了几发信号弹，把他们吓跑了。我们当然无意于去支持这一方打另一方。可是，当时为了通过彝族区，我们决定利用这个矛盾。于是丁伯霖同志便把沽基（果基）家的首领小叶丹请了来，由伯承同志出面，与他边喝酒边谈判，谈了很久。伯承同志很有办法，双方谈得很投机。对方提出，要求结拜为金兰之盟，还拿了一只公鸡来，在湖边上宰了，伯承就和小叶丹喝了鸡血酒，从而打开了一条通过彝族区的道路。当时我也在场，听不懂他们说些什么，只知道意思是说，哪个不忠实，就和这只

聂荣臻

公鸡一样。最后达成了协议，沽基（果基）家愿意护送我们过彝族区。但此时已经中午过后，我听说听彝族区有100多里路，得一天时间才能通过。于是我和伯承同志商量，虽然与沽基（果基）家已达成协议，但还有别的部落，糊里糊涂地往里乱闯，太危险。伯承同意我的意见，最后决定不走，不仅不走，走到前面的队伍还命令他们跟我们一起，像当年司马懿似的，来一个"倒退三十里"，又回到了一个叫大桥的地方。这是彝族和汉族交界、两族杂居的小集镇，我们就在那里宿营。第二天，由沽基（果基）家派人护送我们向彝族区进发。我们进到彝族区，有别的部落的彝民在山上，站在路两边伸手向我们要钱，都喊：要钱，拿钱来！这些彝民个子高大，样子挺怕人。我们早有准备，部队编队整齐，从容通过，没有理他们，也就过去了。由于有小叶丹的护送，我们比较顺利地通过了彝族区，当天天黑到达擦罗，这里离安顺场就不远了。

……

求得顺利通过彝族区的目的，在于早日出敌不意地占领安顺场渡口，使红军能从安顺场渡过大渡河去。

（摘自《聂荣臻元帅回忆录》，解放军出版社2005年版。本书选编有删节）

# 戴镜元的回忆

我军胜利地渡过金沙江后，直趋通安。途中，爬过一座好像“火焰山”的大山。这座山是荒山秃岭，寸草不生。山上没有水，也没有风，灼热的太阳，烤得石头发烫，晒得人们头脑发晕，全身的衣服都被汗水湿透。越出汗，越想喝水，可是到哪里找水呢！这时候，有的同志就大谈曹操的“望梅止渴”，逗得大家直乐。有的同志还开玩笑地说：“这就是《西游记》上的‘火焰山’，热得铜脑盖、铁身躯也要化成汁呢！”大家一边走，一边说说笑笑，虽然嘴唇焦裂，喉咙发干，但也一口气爬过了这座热气蒸人的荒山。

戴镜元（1919—2008），中国人民解放军技侦情报工作创始人之一。新中国成立后，历任中央军委某部部长、总参谋部某部部长等职。

到了通安，这是由滇入川的第一个市镇。镇里有300多户人家，也有一所小学校。我们进入市镇时，群众夹道热烈欢迎。

在通安和在四川各地，一提到“打刘家”，就很容易激发群众的阶级觉悟。四川的军阀刘湘、杨森、刘文辉等对四川群众的剥削压榨十分残酷，苛捐杂税，层出不穷，民不聊生，民怨沸腾。因此，四川的人民都恨透了“刘家”，许多人自愿地踊跃参加红军去“打刘家”。在通安附近，就有几百人参加了红军。从通安到会理，在会理休整了五天。就在这短短的五天里，红军又扩大了5000人。

会理是原西康省（现合并于四川省）的一个县城，城墙又高又厚。当时伪二十四军第七师刘元瑭部据城死守，并把城外附近的房屋和障碍物全部烧光，造成一个很大的空旷地带，使我军不能够接近城墙。我们没有硬攻会理，而是北上到西昌。也没有硬打西昌，只是派一部分部队监视着西昌。因为当时我们的主要任务是继续北上抗日，会理、西昌这些地方，并非必争之地。

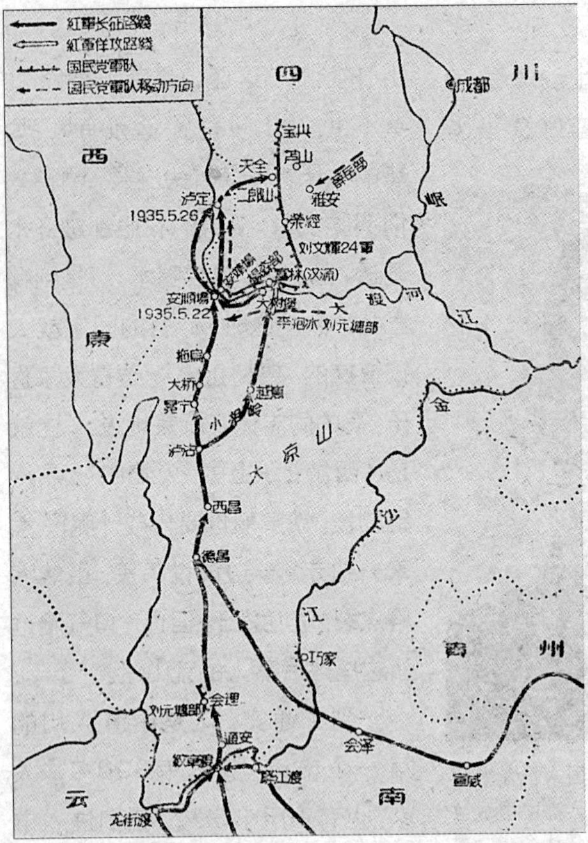

通过彝族区，抢渡大渡河

从西昌北上到泸沽，再渡大渡

河。当时有两条路可走：一条是大路，从泸沽越小相岭，经越西，到大树堡，从大树堡渡河到对岸的富林，直逼成都。敌人最怕我们打成都，用重兵在这条路上堵击。四川军阀杨森全部兵力增防雅安、荥经、富林各地，刘文辉二十四军全部驻守在雅安、泸定、天全、芦山、宝兴各县，刘湘急调一个旅（二十一军王泽濬旅）到大树堡，他们企图在大渡河两岸截住我军，不让我军北上渡过大渡河。我军为了调动和牵制敌人的力量，由一军团二师五团和三军团第十一团向大树堡挺进，打垮了王泽濬旅。占据了越西和大树堡后，日夜砍树扎筏，佯作强渡大渡河和要占领富林的姿态，并到处扬言要解放成都，虚张声势，迷惑和牵制敌人。另一条是崎岖难走的山路，从泸沽到冕宁，通过彝族兄弟民族地区，到安顺场。这条路最不好走，特别是要通过彝族区。通过彝族区，这在长征史上也是一件大事。由于国民党和四川反动军阀长期的奴役屠杀，彝族人民一时分不清军阀官僚和工农群众的界限，形成了彝汉民族之间的隔阂。所以汉人，尤其是军队，要通过这个地区是很不容易的。蒋介石估计我军不敢也不能够通过这个地区，因此对这条路没有什么防备，可是恰恰和敌人的意料相反，我野战军全部（第一、三、五、九军团和中央军委纵队）走的正是这条路。

我军在进入彝族区以前，在整个部队里进行了普遍而深入的政治思想工作和党的民族政策的教育工作，要求全军指战员坚决认真地执行毛主席规定的民族政策。在汉、彝杂居地区，彝族人民对红军已经有了初步的认识，第九军团从会泽渡过金沙江前后，通过大凉山，大凉山就是彝族地区。第九军团会在那里对彝族人民进行了广泛的政治宣传工作，使他们认清谁是他们真正的敌人，谁是真正的朋友。当他们认识到红军是中国共产党领导的工农群众自己的军队的时候，就把红军看作自己一家人一样。在大凉山地区，就有不少彝族人自愿地参加了红军。我军在汉、彝杂居的冕宁、越西，打了汉人的土豪，把东西同样分给彝族人和汉人，并召集汉、彝族人一起开群众大会。我们宣传彝、汉是一家人，彝族兄弟受国民党军阀官僚地主豪绅的剥削压迫，汉人也同样地受他们的剥削压迫。彝、汉族人民要团结起来，打倒白军，打倒“刘家”。这些道理彝族人民很容易接受。在越西，我军还解放了在监狱里的几百个彝族人，这就更使他们认识到红军是各民族人民自己的军队，更加热爱红军。这些彝族人有的是被国民党反动政府作为“人质”关进牢里的，也有的是因为和四川军阀冲突被抓去的。伪县政府还专门设立了一个“彝务科”来管理和压迫彝族人民。因此，在越西，在冕宁，都有不少的彝族人参加了红军。我们通过彝族区大都是由参加红军的彝族人作翻译和作向导的。

这里的彝族人，相传是三国时代诸葛亮“七擒七纵”的孟获的后代，是一个处在奴隶社会状态的少数民族。彝族人的肤色褐黑，身体结实，个个魁伟彪悍，头上缠着黑布，身上穿着像袈裟一样的“氆氇”。这些衣服是用羊毛织成的，可以御寒，也可以挡风雨。彝族男子右臂裸露，腰扎利刃，不穿鞋，少数人穿草鞋，女的也是赤足，爬山越岭，健步如飞。彝族人民性情纯直，很讲义气，可是要得罪了他们，就非同小可。他们由于受着历代反动统治阶级残酷的剥削压迫，只能在贫瘠的山地上种植一些苞谷、土豆之类的食物，粮食很缺。所住的房屋十分简陋，房子很矮，要低着头才能够进门。

彝族人都有枪炮——有土枪、土炮，也有快枪。部落间常因奴隶主互相争夺土地、牲畜和奴隶而引起战斗。他们的枪法很准，是一个英勇顽强的民族。我们打下了冕宁，冕宁的国民党守军一个团和伪县长以及其他官员想通过彝族区，跑到雅安去（刘文辉有一个师驻在雅安）。他们通过彝族区时，烧杀抢掠，结果这个团全部被彝族人民消灭掉了。紧接着我们红军就要通过彝族区。彝族人民一下子还分不清反动军阀和工农红军有什么不同，这就需要我们更加谨慎地来处理这个问题了。

通过彝族区时，我先头部队是第一军团一师一团，由军委总参谋长刘伯承同志，一军团政委聂荣臻同志带领。当我先头部队一踏入彝族地区，他们就从四面八方呼啸而来，挥舞着长矛刀棒，愤怒地高声叫喊，把我军四面围住。这时我军很沉着地前进，并缩短行军间的距离，以防止受到突然的袭击。我军走着走着，被一簇簇的彝族人群拦住了去路。我们就通过通司（翻译）和红军里的彝族兄弟，向他们作宣传解释说服工作。说明我们是中国工农红军，是打白军的红军，彝、汉族人是兄弟，都是受反动派压迫的。又说明我军只是借路经过，秋毫无犯，决不会动彝族地区一草一木。经过宣传解释以后，沽（果）基族部落的首领小叶丹就跑过来，要和刘总参谋长结拜为兄弟。这时太阳已快下山了，大家到了一个叫作谷麻子的地方，那里有个池塘叫作海子。刘总参谋长和小叶丹就在海子边杀鸡饮血，结为盟友。经过了歃血结盟以后，小叶丹大为放心，和刘总参谋长一齐下山，来到大桥司令部。刘总参谋长在司令部里热情地招待了小叶丹。第二天小叶丹亲自给我们带路。在他那个部落里，彝族人都拿着红旗，背着刀枪，排好了队来欢迎我们，亲如一家人，和昨天剑拔弩张的情况完全两样了。

刘总参谋长还亲自送给小叶丹一支左轮，他非常高兴。他又送给刘总参谋长一匹高大的黑骡子，我们不肯接受他的礼物，他不满意，后来我们还是收下来了。

出了沽（果）基族地区，小叶丹就派了联络员给我们带路。经过别的部落时，这些联络员就在山上“呜呼”“呜呼”地高声喊着，别的部落也在“呜呼”“呜呼”地回答。他们不再阻拦我们了，他们知道这是自己人，是小叶丹的朋友过路。有许多彝族人跑了出来，有的站在路旁看着我们，有的还笑眯眯地夹着我们的队伍走。这时沽（果）基族的联络员找到了这个部落的联络员，把带路的任务交给他们。我们的宣传员在沿路的石头上和树子里的墙壁上贴满了中国工农红军的布告，上面写着："中国工农红军，解放弱小民族；一切彝汉平民，都是兄弟骨肉。可恨四川军阀，压迫彝人太毒；苛捐杂税重重，又复妄加杀戮。红军万里长征，所向势如破竹；今已来到川西，尊重彝人风俗。军纪十分严明，不动一丝一粟；粮食公平购买，价钱交付十足。凡我彝人群众，切莫怀疑畏缩；赶快团结起来，共把军阀驱逐。设立彝人政府，彝人管理彝族；真正平等自由，再不受人欺辱。希望努力宣传，将此广播西蜀。"我们就是这样一个部落一个部落地靠着彝族兄弟的联络员带路，依靠党的民族政策，顺利地通过了兄弟民族——彝族地区。

我们中央军委纵队在5月24日由冕宁出发，经大桥和桃花寨，当天走了90里到达拖乌宿营。桃花寨是到彝族区必须经过的一个隘口，这是用巨石砌成的古寨。两边是陡峭的山壁，形势险要，彝族人民依凭着这个坚固而险要的古寨来抗拒敌人。彝族人民在这里不知道流过多少鲜血，用不屈不挠的英雄气魄抵御过历代反动统治阶级无数次的进攻。据说他们每战胜敌人一次，即种桃花一株，用来纪念英雄们的战功。天长日久，不知道经过了多少年代，多少次战斗，有过多少战绩，桃花一株一株地栽了起来，成为一个桃花园，所以叫作桃花寨。我们到那里的时候，正是夕阳西下，山岭上娇艳的桃花，像朝霞一样，开成一片；在漫山遍野的桃红色中夹着的青松苍柏，更显得青翠可爱。天空上一片片火红色的云彩照耀着的山峦，像是涂上了一层耀眼的金黄色，清亮的山涧流水也闪烁着金光。夕阳透过那一片红桃苍松，照到人们的脸上，个个都是红光满脸，精神焕发。山顶上飘扬着彝族人民欢迎红军的红旗，比晚霞更红更鲜艳。这时，山顶上、山腰里、山脚下都站满了彝族人，有的高举起双手欢呼，有的夹着我们的队伍一起走，大家比划着手势，我们笑了，他们也嘻嘻地笑了。青年男女们夹在我们队伍里，很亲热地拉着我们的手，摸摸我们的背包，摸摸我们的口杯，好像见到什么都很新鲜似的。有时候我们看到他们摸着我们的口杯，爱不释手，我们就送给他们作为礼物，他们高兴得蹦跳起来，拿着口杯挥舞而去。我们就是这样在充满了亲热和欢乐的气氛里越过了桃花寨。彝族人被反动统治者认为是"杀人不眨眼"的"蛮人"，而在红军面前却表现得那么热情，那么纯朴，这是国民党当局无法了解的事情。

出桃花寨后，当天半夜里到达拖乌。我们都露宿在村里房子的外面，吃自带的干粮过夜。我们怕充电机惊醒了彝族兄弟，把它搬到村子外面去充电。25日到岔罗，26日到新场。我们只用了两天半的时间就全部顺利地通过了彝族区。这也是国民党军无法想象的奇迹。

（摘自戴镜元：《长征回忆——从中央苏区到陕北革命根据地》，北京出版社1960年版，题目编者拟）

# 王耀南的回忆

红军胜利渡过金沙江后，又进行了会理战役，继续北上。一天，担任先遣队司令员的刘伯承命令

王耀南（1911—1984），中国人民解放军工程兵的创始人之一。1935年，王耀南为红一军团工兵连连长。1955年被授予少将军衔。

我带工兵连随先遣队行动。接到命令，我们即从冕宁经大桥镇向安顺场挺进。到安顺场渡口必须经过一个少数民族居住地——彝民区。有关单位向我们介绍说：彝民兄弟过去由于受国民党反动政府和军阀部队的剥削和压迫，对汉人疑心很重，有的还有仇恨，要我们从各方面特别注意。当时总部也命令我们要遵守群众纪律，尊重彝民的风俗习惯，不准开枪伤害彝民兄弟。一切准备完毕后，我们工兵连就跟在侦察连的后面出发了。

彝民区山路崎岖，古树参天，道路很不好走；加上彝民兄弟听说汉族军队来了，将山涧上的独木桥拆毁、把溪水里的石头搬开，

给我们行军带来很多困难。我们工兵连是一边行军，一边修路架桥，过了俄瓦拉江，我们便从先遣队的前面落到了后面，连队也散开了。这时，虽然也不时出现彝民在远处放冷枪、冷箭的情况，但对我们没造成伤亡。

又前进了一段，当我们刚走进离巴马房不远的一个山谷里，突然听到远处几声枪响，接着许多拿着土枪、长矛、弓箭的彝民朝我们围拢过来。我们赶忙向他们解释，可他们根本不理。不一会儿，山上还响起了号角，更多的彝民拿着大刀呐喊着蜂拥而来。他们起初只是围着我们叫喊，过了一会儿就开始拥挤我们，接着几个大个子的彝民把通信员小刘按在地上，用脚踩住他，把衣服扒光了，武器也抢去了。我一气之下，拔出了手枪，周围的战士们也哗啦一声拉开了枪栓。猛然间，我想起了总部的命令，立刻把枪收起了，并大声对战士们说："总部命令，不准开枪！"大家听到我的喊声，都把枪收起了。彝民们见我们没动，纷纷冲上来，把我们的衣服扒光，把武器、工具等全抢走了。我们无法再继续前进，只好退出了彝民区，回到了大桥镇。回到大桥镇，兄弟单位见我们衣服被抢了，便你凑一件，我凑一件，让我们都穿上了衣服。总部首长听说后，还派来了巡视员来看望我们，表扬我们执行了政策，同时告诉我们，刘伯承司令员和沽基（果基）家族首领小叶丹结拜为兄弟，红军大部队明天就能通过彝民区。

第二天清晨，彝民同胞送还了抢去的衣服、武器、工具，我们即随部队向彝民区开进。行军途中，我们再没遇到什么阻拦，见到的都是彝民兄弟的张张笑脸。正走着，我突然感到肚子疼，不一会儿，连路都走不了了。几个战士围着我，急得没办法。这时，几位首长骑着马走过来。他们看到我们便下了马，其中一位首长问道："怎么回事呀？"通信员小刘说："我们连长得了急病。""哦，我看看。"我一听声音好熟，睁眼一看，原来是刘伯承司令员。我说："司令员，我们没有完成任务，还……”刘司令员弯下腰来说：“你们模范地执行党的政策，就是完成了一项大任务。”他转过身让总部的一个医生给我看了看病，然后风趣地对我说：“休息一下，马上赶路，要不然又扒个赤屁股精光。”周围几个同志一听都笑了。

我站起来要走，刘司令员拦住我说：“骑我的马走吧！”我怎么能骑首长的马呢？我极力推让，但刘司令员不由分说，硬是把我推上了马背，自己大步向前走去。我望着他的背影，心中产生无限的敬意，不知什么时候，两行热泪从脸上滚了下来。

……

中央红军通过彝民区后，又跨过了大渡河，翻越了大雪山，与四方面军在懋功一带胜利会师，尔后一起北上。

（摘自《刘伯承回忆录》第二集，上海文艺出版社1985年版。标题编者拟，原题为《长征中的刘伯承同志》）

# 蒋介石追堵长征红军的内幕（节选）　/晏道刚

1933年（在国民党军第四次进犯中央苏区后期）何应钦任我为国民政府军事委员会委员长南昌行营第一厅副厅长，处理作战业务。1934年3月，蒋创设侍从室以统率其随行人员，调我为侍从室主任。在红军二万五千里长征的过程中，我随蒋往返于重庆、贵阳、昆明、成都、西安等地策划追堵。因此对追堵红军的内幕大体有所了解。

## 红军长征前蒋介石的策划

自1930年冬到1933年夏，蒋介石在江西发动第一、二、三、四次对中央苏区的“围剿”均被红军挫败，损将折兵30万以上。南昌行营主任鲁涤平，因第一次失败被撤换；继任的何应钦，亦以第二、三、四次“围剿”的失败，怯蒋谴责而惴惴不安。加以蒋介石径听陈诚报告不通知何应钦，听任陈诚将调赣参加作战的川军张英师突然缴械，使何十分气愤。事后虽经贺国光等密告蒋介石记陈诚大过一次，以敷衍何的面子，但何终觉对陈的指挥不便，借故返回南京。蒋介石乃亲到南昌，一再改组南昌行营，以江西省主席熊式辉兼行营办公厅主任，行营原参谋长贺国光为第一厅厅长，行营秘书长杨永泰兼第二厅厅长；扩大职权达于粤闽湘赣浙五省，变该行营为党政军一元化的最高权力机关，与当时行政院权力冲突亦在所不顾。

蒋介石痛心于以往迭次失败，受到了一些教训，改弦更张，放弃了长驱直入打运动战的作战原则，一面调整部署，发表顾祝同为北路军总司令，以陈诚为北路军前敌总指挥，率领第三、六两路军由北向南进攻苏区；同时以重金收买陈济棠为南路军总司令，出兵两个军封锁赣粤边境；一面由我和贺国光归纳各方面建议制定"稳扎稳打，步步为营，修碉筑路，逐步推进"的办法，辅以杨永泰建议的保甲团练政策，企图构成包围圈，断绝苏区物资来源，迫使红军进行阵地战来比力量拼消耗。蒋介石大力宣传他在军官训练团所说的"三分军事，七分政治"的方针，以所谓政治围攻、文化围攻、经济围攻、交通围攻，配合数十万兵力的军事围攻。

1934年4月以后，蒋介石各路军步步向苏区进攻。由于国民党军据有碉堡线，在红军迭次打击下，虽有很大的损耗，但包围的总形势仍能维持；而且国民党军官兵对修碉技术日益熟练，依靠兵力优势，五里一推，十里一进，给苏区增加不少困难。是年夏，陈诚部攻破广昌，薛岳部侵占兴国、古龙岗，迫使红军退至白水、头陂、驿前构筑工事进行阵地战。蒋介石看到红军采取打正规战和他拼火力，马上把重炮兵调到江西配合他的10个纵队近30个师兵力加紧进攻，遂于9月攻占宁都、石城。

1934年9月，蒋介石曾对我们几个高级幕僚说，看来红军现已无法施展其机动灵活的战术，只能局促回旋于堡垒之间，已成被动之局。他于是下令各路军加紧包围，还写了许多亲笔信给高级将领勉以雪历次"围剿"失败之耻。这时蒋介石口口声声要把红军消灭在包围圈内，作梦也没有想到红军竟能突围长征。

## 蒋介石得悉红军西移时的决策

1934年9月底，蒋介石认定江西围攻的大势业已完成。他每和我们谈论形势时，洋洋得意地说："湘赣边红六军团是在西路军围攻下站不住脚才不得已而西移的。孔荷宠投降是红军瓦解的先声。”以此显示他的指挥比别人高明。在谈到红军历次提出北上抗日及合作抗日时，他总是说：“他们有什么力量抗日，无非是诱使我军放松包围。”他强调说：“不消灭共产党就不能抗日，因此我们更应对共军加紧包围，聚而歼之，不使漏网。”这些谈话正是暴露了蒋介石的既定政策。

10月中旬突接南昌行营转来情报，知道红军主力有突围模样，前锋已通过信丰江（即桃江）。蒋鼎文东路军先头已由长汀逼近瑞金。于是蒋介石在南昌，立即召集杨永泰、熊式辉、林蔚、贺国光和我商谈对策，议论纷纷，对红军行动方向作了如下判断：

（一）由赣南信丰入广东。蒋认为：红军利在乘虚，如进入粤境，逼得粤军不得不拼命抵抗，倘被前后夹击，是难于立足的。那是他们的不利之路，去了亦无足为虑。

（二）从赣南经粤湘边入湘南，重建苏区。蒋认为赣粤湘边区是政治上的薄弱点所造成的军事薄弱点，且中央红军入湘后有与贺龙部会合之利，应加重视。

（三）进入湖南后出鄂皖苏区再北进。蒋认为这是当年太平天国北进路线，政治上威胁较大，可以考虑。

（四）经湘西入黔、川再北进。杨永泰以为还要考虑红军尔后渡长江上游金沙江入川西的可能性。蒋说：“这是石达开走的死路。他们走死路干什么？如走此路，消灭他们就更容易了。”

随后蒋还对大家说：“不论共军是南下或西行、北进，只要他们离开江西，就除去我心腹之患。”又说：“红军不论走哪一条路，久困之师经不起长途消耗，只要我们追堵及时，将士用命，政治配合得好，消灭共军的时机已到，大家要好好策划。”

10月18日，红军西移前锋迅速达到赣湘粤边。从国民党东路军占领瑞金所得资料中已明确：红军不是战术机动，而是战略转移；不是南下，而是西进。蒋介石在南昌于是日下午7时召集我和贺国光谈，拟定初步追堵的计划要旨，限9时以前发出电令。依计划要旨发出的电令大意有：①西路军何键部除留刘膺古纵队于赣西“清剿”外，主力悉调湘南布防，依湘江东岸构筑工事进行堵截，并以有力之一部在粤湘边境堵击，该路总部移驻衡阳；②南路军陈济棠部除李扬敬纵队留置赣闽边“清剿”外，主力进至粤湘边乐昌、仁化、汝城间地区截击，该路军总部推进至韶关；③第四集团军主力集中桂北，总部移至桂林；④北路军顾祝同部以第六路军薛岳率所部包括吴奇伟、周浑元两个纵队担任追击。

“追剿”军前敌总指挥委何人担任的问题，蒋初意是陈诚，而陈却保荐薛岳。后来蒋同意以薛岳充任，决定抽出9个师的兵力归薛岳率领；陈诚则任预备军总指挥，集中亟待休整的嫡系部队作为机动兵团策应各方面的需要。迨11月上旬，红军先头到达粤湘边。蒋认为何键原是西路军总司令，红军进入西路作战地境，一面明令发表何键“追剿”军总司令，一面命我电告何键指明薛岳所部入湘后悉归何统一指挥。但蒋并未把这样做可将何键部调离湖南而使何键更易受控制的企图明确告知薛岳。这件事曾引起狂妄自大的薛岳不服。我当时对调动嫡系及何键的部队没有顾虑，只想到两广是半独立状态，不如湖南那样基本上能控制得住，蒋粤、蒋桂之间疑忌很深，粤桂怕中央军嫡系乘机入侵并不下于怕红军。当蒋命我严电陈济棠、李宗仁全力防堵时，我提出：“应派员妥为联系才能贯彻命令。”蒋说：“你不要管，命令只管下。他们不照我的命令行事，共军进去了他们受不了，他们执不执行我的命令是第二步。”几句话使我进一步认识到蒋对粤桂的阴谋诡计。同时借口红军可能去西南，蒋介石把他策划已久的组织参谋团入川的计划乘机拿了出来，决定以行营参谋长贺国光为主任率参谋团进驻重庆，统帅川黔各部配合作战。

## 飞昆明策划金沙江、大渡河的追堵

红军于1935年4月中旬向云南急进，所向无敌。5月初，红军主力分向沾益、马龙、寻甸、嵩明前进。龙云当时因滇军仅有的六个旅主力早已外调，坐守昆明空城，只有卢汉指挥的一些团防及警卫部队担任守备，十分恐慌。蒋介石要薛岳兼程驰援，不料红军甫抵昆明附近又转头向昆明西北前进。当空军侦知这一情况时，蒋介石和我们研究，认为红军声东击西，真正企图是强渡金沙江无疑，便令薛岳率各纵队跟踪北追。蒋在电令中有“同仇敌忾，灭此朝食”之语，妄想消灭红军于金沙江以南地区。约在5月7日，薛岳、龙云两人乘飞机到金沙江侦察后来电告蒋，始知红军主力已在后卫掩护下巧妙地突破了刘文辉部防线渡过金沙江。

约在5月12日（或迟一二日，记忆不确），蒋得悉红军全部渡过金沙江，薛岳所部也渡过了一部，此时会理正在红军围攻中。我随蒋介石乘飞机至昆明，此行随从人员不多。到昆明后住在五华山龙云布置的房子里，共计住了20多天。蒋在昆明的措施，除拉拢龙云之外，主要是部署大渡河的会战。我回忆所及，有如下几件：

（1）当薛岳所部渡过金沙江后，蒋令薛岳转告前线各军，行动要稳扎稳打，每到一地先做工事（主要是碉堡）才能入营。这是因为吃了红军几渡赤水的亏，有此教训了。

（2）电令刘湘以第二十军全力及第二十一军之一部归杨森指挥，火速至大渡河北岸防堵；令刘文辉将第二十四军大渡河以南部队（约六个旅）统归刘元璋率领受薛岳指挥，堵截红军北上，掩护薛岳部主力北进；第二十四军主力布防大渡河北岸严密封锁，指定杨森、刘文辉到汉源指挥。

（3）电勉大渡河南北各军，大意是：大渡河是太平天国石达开大军覆灭之地。今共军入此汉彝杂处，一线中通，江河阻隔，地形险峻，给养困难的绝地，必步石军覆辙，希各军师长鼓励所部建立"殊勋"等语。

(4)当刘元瑭守会理到了第六天的时候，蒋下手令升刘为中将旅长，犒赏一万元交飞机投送，以收买刘文辉所部为其出力。

大渡河会战计划，策动的总兵力计10余万人，5月中旬以后各部依计划行动。蒋介石曾两次由昆明乘飞机到前线上空，利用通信袋向各部队指挥官投下"手令"，指示机宜，表示他亲临前线督战和官兵同甘共苦的样子。可是蒋介石梦想红军重蹈石达开一样的覆辙并未出现。红军到泸沽之后，只一部经大树堡，主力却分两路，一路从安顺场强渡大渡河击败了刘文辉的守军，一路迂回到泸定桥击败刘文辉另一部守军，渡过大渡河取汉源（在汉源也打了一仗）、天全、芦山、宝兴，在六七月间和红四方面军会合于懋功（今小金）了。

（摘自《文史精华》1996年第10期，作者时任蒋介石侍从室主任、南昌行营中将副厅长）

# 一只手镯的故事

红军从泸沽到安顺场的重要革命遗址，有的原貌已发生较大变化（比如红军在冕宁县城召开群众大会，宣布建立冕宁县革命委员会的旧址是原来的文昌宫，现在改为冕宁中学），有的尚待进一步核实。

目前已经落实，并有重要保护意义的是刘伯承同志和小叶丹的结盟地——彝家海子。这里位于冕宁县拖乌区中心乡，离大桥镇20多华里的横断山脉的山谷间，东有阿里特山、石勒可可山，北有石比格勒山，西有罗华依塔山。面积五万平方公尺，终年有水，四周松树常青，风景十分秀丽。

红军在泸沽到安顺场的这一带地方留下了大量文物，目前已经征集到的有一百余件。其中最为突出的是中国彝民红军沽（果）基支队队旗。这面旗子是由粉红色织花软缎做成的，正上方印有五角星，下面是镰刀斧头，右侧有一长条白布，上面写着“中国彝民红军沽鸡（果基）支队”，这行大字下端有二个一行的四个小字：“长小鸦头”。小鸦头是当时小叶丹的译音，全意是中国彝民红军沽（果）基支队队长小叶丹。此外，还有由朱德总司令署名的中国工农红军布告。

冕宁县文化馆珍藏有一只沙马巴五的手镯。这只镯充分地体现了红军和族彝同胞的深厚情谊。

解放前,外地人要通过冕宁彝族聚居区必须有响(向)导同行。一则是山路崎岖,很难辨认,稍不注意就有迷路危险。二则因为彝汉隔阂,汉人经过彝区的每一村寨都会遇到盘问:是什么人,从哪里来,到哪里去?倘若对答不上,立刻就会出现意外的事件。

红军通过彝区,小叶丹选派了一些联络员带路,还有许多彝族同胞主动为红军担任响(向)导。沙马巴五就是其中的一个。他是奴隶主的锅庄娃子,祖祖辈辈都是奴隶,过着非人的生活。当他听到红军进入彝族地区,特别是刘伯承同志和小叶丹结盟的消息后,心里有控制不住的喜悦。沙马巴五住在拖乌乡的黄家坝村,一批批红军都曾在他们村寨附近的山沟内宿营,纪律十分严明,把彝族同胞看作亲骨肉。这里山高,气候寒冷,许多彝族奴隶终年没有衣服穿。红军战士发扬高度的阶级友爱,有的脱下自己身上的棉衣,有的取出从老家一直带在身边舍不得穿的鞋子送给他们。这一切使饱受苦难的锅庄娃子沙马巴五感动得流泪,他从来也没有见过这样的军队。想到自己世世代代受尽了多少折磨,国民党官府和黑彝奴隶主没有一个把奴隶当作人,奴隶们起早睡晚得到的只是挨饿和皮鞭。而今救星来了,他们为受苦人爬山涉水,流血牺牲,该怎样报答呢?听说红军很需要响(向)导,于是他就主动争取了这项光荣的任务。

沙马巴五为红军带路,不辞劳苦,走过了一个又一个的村寨。每当有人盘问,他就喊话宣传,说"红军是毛主席的队伍,小叶丹的朋友,彝族人民的亲人。"即时地解除了对方的疑虑。就这样,他把红军安全地送到了石棉县的岔罗。

红军为了感谢沙马巴五的热情帮助,送给他半斤盐巴、三尺兰卡其布和一只手镯。从此他一直把这只手镯戴在手上,认为这是红军给他留下的纪念。在苦难的日子里,他看见这只镯就想起了红军,仿佛望到了光明。解放后,沙马巴五被选为生产队付（副）队长。他忘我地劳动，积极地工作，为社会主义革命和建设有使不完的劲。他还经常运用这只手镯，向青年们讲述当年红军的故事，教育青年们继承红军的光荣传统，牢记阶级苦，不忘党的恩。1965年，沙马巴五将这只手镯献给国家。

（节选自《红军长征过四川》，四川博物馆1978年版）

# 彝民盼红军

红军长征播下的革命种子，在彝族地区迅速传播开来，生根、开花、结果，对冕宁、越西一带以后的革命斗争产生了深远的影响。

红军走后，白色恐怖又再次来临。当地反动军阀邓秀廷代理了冕宁伪县长，地主豪绅组成"善后委员会。"邓秀廷派出大批匪军，大肆逼粮、逼枪、逼钱财，杀人放火，反攻倒算，对彝民进行大规模的搜捕和屠杀。但是广大彝汉人民并没有被吓倒，他们坚信"只有红军的道路，才是解放他们的道路"，他们更加怀念红军，相信红军一定会回来。他们经过红军长征的洗礼，觉悟有了大大的提高，以更高的水平，用各种方式向反动派作不屈不挠的斗争。许多彝族人民为了纪念红军，把当年出生的幼儿取名为"红军子"或"红姆"（即红军女之意）。还有许多人把红军留下来的东西冒着生命危险，保存起来，爱如珍宝。冕宁县中心乡的彝族同胞，怀着无限深情，每当一年一度的火把节，总是在刘伯承同志和小叶丹结盟的地方——彝家海子跳起锅庄舞，唱起盼红军的歌曲：

清清海水流不尽啊，
红军啊，"三斗三斤"，
红军一去已数春呀，
也不呀，捎个信。
彝家盼红军啊，
三天三夜呀，说不尽，

……

彝家受尽千年苦啊，

彝家有苦无处倾。

一心啊，盼红军，

盼你啊，回来救彝家人；

……

（节选自《红军长征过四川》，四川省博物馆1978年版）

# 要找刘伯承伯伯 /荣一农

## 刘伯承将军授与的红旗

1950年5月21日，西康冕宁城内，来了一群彝族同胞，求见人民解放军的首长。领队的叫古（果）基嘉家，声称"要找刘伯承伯伯"。驻军司令部的同志，回忆起15年前，中国工农红军二万五千里长征路过西康大小凉山区，得到彝族同胞的帮助，顺利通过千古闭塞的区域，完成北上抗日计划这一有历史意义的故事，便立刻把这群贵宾迎进司令部去，热情地招待他们。

在招待会上，嘉家和他的家人们以燃烧的热情，述说当年刘伯承将军同他的父亲小叶丹杀鸡饮酒，结为兄弟，并帮助他们成立了自己的队伍，彼此互赠礼物的故事。嘉家兴奋地取出一面大红旗

陈列在彝海结盟纪念馆中的"中国彝民果基支队"旗（中共四川省委党史研究室供图）

来，上面写着“中国红军古基支队”八个大字（应为“中国彝民红军果基支队”，下同，编者加）——这是刘伯承将军授与的，在座的人们，激动地睁大了眼睛，凝视着大红旗左上角那颗放射光芒的金黄五角星。15年了，他们还把这面光荣的旗帜保存下来！

## 在最困难的日子里少数民族援助了中国革命

1935年春天，万里长征北上抗日的中国工农红军，粉碎了国民党军无数次的“追歼”“堵击”，胜利渡过乌江、金沙江，到达西昌以北地区。中共中央军委预定的路线，是从泸沽翻小相岭入越西，到大树堡渡大渡河。先遣支队司令刘伯承、政委聂荣臻两将军，亲自带一个团（团长杨得志）挺进到泸沽后，根据新得到的情况判断：去大树堡是大路，又是主要渡口，已有大量的敌军防守。便临时决定改变路线：绕向西边走，取冕宁，经大桥驿，沿小路奔袭安顺场，抢渡大渡河。为了迷惑敌人并牵制他的兵力，乃由后续的一军团派左权同志率一部队照原定路线前进，佯攻大树堡，以辅助安顺场真渡的成功。

刘、聂两将军在人民的欢笑声中进入冕宁城，立即散发军粮救济穷苦人民，并打开监牢放出大批“政治犯”。其中有几个彝族同胞，含着满眶热泪，跪在刘伯承将军面前，磕头致敬，像有千言万语，等待申说。刘伯承将军感到奇异，和他们拉话，才知道他们是彝族首领的子弟，被国民党反动政府抓来作“人质”的。

历史上的反动统治阶级，一面压迫少数民族同胞，同时又怕他们起来反抗，便想出这个卑鄙、恶毒的“人质”办法。这种野蛮的办法，是从清朝一直传留下来的，已成为定例了，只有辛亥革命时，滇军到过冕宁，曾经一度释放过“人质”，但不久，经过所谓“讨伐”之后，大汉族主义者又抓回许多“人质”，恢复了这个野蛮制度。

这些不幸坐牢的“人质”，深深感谢红军救了他们，他们告诉刘伯承将军：当地彝族分古（果）基、老伍、罗洪三个支派，到安顺场去必须通过他们的区域；这条路很小很难走，从菩萨冈经铁团团出筲箕湾一段是悬崖绝壁，路隘沟深，异常险恶，太平天国石达开军，即经此道北上，其先头部队已达安顺场，未能渡河，而后尾即遭冕宁杨总爷由菩萨冈袭击，以至全军覆没。当红军走到这个地区时，官员们即大肆叫嚣，说红军将要和石达开一样失败，特别欺骗和麻醉彝族同胞令其与红军作对。刘伯承将军听了这番话，毫不动摇他的信念，决心冲破这天罗地网；告诉他们说：红军是受压迫人民的队伍，是少数民族的朋友，具有严格的政治的军事的纪律，北上是为了抗日；假道他们的区域，望他们回去疏通，要与红军做朋友，帮助红军。他们都一致高兴地答应，高兴地散去，并留人领路。

次日，进到少数民族的区域，刘伯承将军在向北进军途中，看到情形不对，马上告诫全体指战员：坚决遵守党中央的少数民族政策，不准先开枪，非到万不得已时不准还手。刚到大桥北30华里的海子时，就看到彝族同胞，从四面山上，大声呼喊而来，有的并开枪阻止红军前进。刘伯承将军即与聂荣臻将军登高观察：前面是古（果）基家，东面是老伍家，西南两面是罗洪家，红军已陷于四面被围的境地，情势非常紧急。当时，刘聂两将军分了工，刘布置自卫阵地，聂则带人去喊话，向对方宣传红军的主张。阵地匆匆布置好，受反动派欺骗最深的罗洪家大部队伍，已从西南两面猛冲过来，红军劝说无效，忍痛还击，把对方打退下去。在东面的老伍家，接受喊话，表示愿守中立。前面的古（果）基家并派人来和红军的先遣支队政治部主任萧华接洽。他们已经知道红军不和其他汉人的军队一样，不是自己的敌人，愿让红军通过，但由于过去经常遭到大汉族主义者的欺压，受创太深，深恐红军也欺骗他们，要求按照古（果）基的传统风俗歃血结盟，才能放心。

刘伯承将军毫不犹豫地应允了，彝族同胞听到红军的刘司令愿和他们的首领结为兄弟，高兴得跳起来。于是，就在海子边上，具有历史意义的动人场面出现了，代表红军和汉族的刘伯承将军，和彝族的古（果）基小叶丹，在彝族同胞和红军将士的欢呼声中，象征着两个民族的团结，亲热的握手。小叶丹捉住一只大红公鸡，一刀顺嘴割去，红艳艳的鲜血，滴在酒中；两位异族兄弟高举酒盅，对天盟誓："从此结为弟兄，互相帮助，如有违背此盟，危害弟兄者，有如此鸡！"当时，刘伯承将军曾给他们一面大红旗和"中国红军古基支队"的光荣番号，并召集全支队讲话，要他们好好团结自己彝族，并团结汉族人民如同家庭一样，以便打倒中国人民的共同敌人——帝国主义及其走狗大汉族主义者蒋介石。只有如此，彝族同胞才会得到解放。我们要一致奋斗争取胜利，我们一定有会面的日子，等着吧！对作战受伤的罗洪家，每人发给白洋五元，表示抚慰，并告诫他们，以后千万不要再受蒋介石的欺骗。

当天不能前进，刘伯承将军便约同小叶丹一同回到大桥宿营，并把这些情形报告给毛主席、朱总司令知道。次日出发，小叶丹派他的叔父直送了红军一百多里路，在过了千丈深沟铁团团出了筲箕湾后，才恋恋不舍地回去了。刘伯承将军按照预定计划继续北进到达安顺场，在战斗胜利中先渡过了水势奔腾的大渡河，随与南岸部队夹河前进并夺取了泸定桥，使红军全部得以从容渡过大渡河，粉碎了国民党军企图在这条"绝路"消灭红军的幻想。这是少数民族同胞对中国革命的最大贡献。

## 兄弟民族团圆了

这次嘉家来到冕宁谈起，才知道红军走后，国民党军即对彝族同胞残酷地进攻，声称："非把古（果）基家杀尽不收兵！"财产被抢光，许多男女老幼被驱逐到荒山野外去受冷受饿。在最艰苦的时候，小叶丹总是教导他的儿子和家人："不要紧，刘伯承会回来的"！国民党军挑拨彝族同胞内部的情感，嗾使罗洪家和古（果）基家自相残杀。彝族人民领袖古（果）基小叶丹牺牲了，战斗更加艰苦，但他们并没有向敌人屈服，他们永远记住刘伯承伯伯的话："红军还要回来的！"就凭这句话，给他们增添了无穷的斗争勇气，支持他们度过15年漫长的阴暗日子。他们像爱护自己的眼睛一样的爱护着那面写着"中国红军古基支队"的大红旗。

彝海结盟纪念馆处刘伯承像

嘉家在招待会上对驻军同志说："今天你们真的回来了！当我们知道中国人民解放军就是从前的红军，刘伯承伯伯也回来了的时候，我们彝民是怎样的高兴呀！？我们像鸟一样的穿过丛丛山林，跑来看你们了。"

驻军同志亲切地慰勉他们，中国人民已有了中央人民政府，颁布了共同纲领，国内各民族一律平等，再没有人敢进行民族间的互相欺压了。彝族同胞内部应该团结，过去因受反动派挑拨离间而种下来的冤仇，宜解不宜结。大家要在毛主席领导之下，好好发展自己民族的经济和文化，共同建设好各族人民的大家庭——人民共和国。

最后，嘉家告诉驻军同志："请把我们来看刘伯承伯伯的事告诉他，也告诉我们久已渴望的毛主席和朱总司令，我们愿在他们的领导下，把自己的日子过好。"

（摘自《刘伯承回忆录》，上海文艺出版社1981年版。本书选编有删节，标题编者拟）

# 历史的见证者 /贺灿永

## ——访“彝海结盟”的参加者沽（果）基尼迫

1985年5月，是中国工农红军二万五千里长征途经四川会理、德昌、泸沽、冕宁、石棉和泸定北上抗日五十周年。前不久，我怀着崇敬的心情沿着这段长征之路作了一次访问。在这次访问中，使我感到高兴的是，不仅使我重温了红军“巧渡金沙江”“彝海结盟”“强渡大渡河”和“飞夺泸定桥”等可歌可泣的英雄事迹，而且还在大凉山见到了当年“彝海结盟”的参加者之一、原彝民沽鸡（果基）家支首领小叶丹的亲弟弟——沽（果）基尼迫。

沽（果）基尼迫现在是全国政协委员、四川省凉山彝族自治州人大常委会副主任、冕宁县政协副主席，如今已是79岁高龄。1月31日下午两点，头裹民族帕、身披“擦尔瓦”的沽（果）基尼迫，把我们迎进他的家里，向我们讲起了“彝海结盟”前前后后的情形。

### “彝海结盟”

1935年5月22日，一队红军队伍经冕宁大桥向彝海（当时地名叫渔海）地区进发，这就是刘伯承率领的红一方面军先遣纵队。当时，渔海地方的彝族的一支沽鸡（果基）家支，不知道红军到底是什么样的队伍，生怕红军攻打他们。他们的首领小叶丹率沽鸡（果基）家支男女老幼集结在彝海周围的山林里，摆开了决一死战的架势。哪晓得红军到了彝海后不是

刘伯承与小叶丹结盟处

发兵攻打他们，而是派来通司（翻译）说："红军是北上抗日的，同彝民是平等的，刘伯承司令员要见小叶丹，愿同他结盟。"沽（果）基尼迫等人立即把红军的来意告诉了小叶丹。小叶丹开始沉默不语，后来又一下子变得高兴起来。

沽（果）基尼迫讲到这里，突然向我们问道："你们知道这是为什么吗？当时41岁的二哥小叶丹比我们老练，他多留了一个心眼。"当时大凉山的彝族中的家支很多，相互不满，都想找个依靠，来壮大自己的力量，以打垮甚至消灭对方。小叶丹正是出于想借红军的力量打垮与沽鸡（果基）家支长期对立的罗洪家支的考虑，才同意和刘伯承司令员结盟的。于是，小叶丹带着二十几个弟兄去彝海边的一个棚子里找红军。小叶丹问："谁是红军头头刘司令？"一个个子较高的红军说"我就是！"小叶丹见到刘伯承当即摘下帽子跪下就要磕头（当时国民党规定彝民见了长官必须下跪磕头），刘伯承赶快把他扶起来，说："我们是红军，同你们是平等的，不兴这个。"他们看到这些举动，认定红军是好人，但对是否真心同他们结盟却半信半疑，尤其小叶丹更是放心不下。小叶丹向刘伯承提出：“你既要同我结盟，那就得按我们彝民的规矩办事，喝鸡血酒。”“好！”刘伯承司令员二话没说欣然应允。小叶丹叫沽（果）基尼迫用半块银元买来一只大白鸡，又让人搬来一块大石头竖立在那里。没有酒怎么办？小叶丹说：“那就以水代‘酒’。”没有碗怎么办？刘伯承解下他拴在腰带上的一个旧茶盅说：“那就以盅当碗。”小叶丹又叫沙马尔各打来一茶盅清澈见底的海子水。一切准备就绪，喝“鸡血酒”的结盟仪式就正式开始了。

按照彝族的传统作法，小叶丹取出一把小刀，从鸡嘴巴竖着往下将鸡脖子划开口子，先将殷红的鸡血洒进茶盅里，又将鸡血滴在大石头上，再扯些鸡毛贴在滴血的地方。小叶丹这才捧起茶盅说：“上有天，下有地，小叶丹同刘伯承结盟为兄弟，有大石作证，谁要是变心就像鸡一样地死去。”首先喝了“鸡血酒”。刘伯承司令员双手接过茶盅，重复了一遍小叶丹的“誓词”后，喝了“鸡血酒”。接着，红军的一个参谋、沙马尔各和沽（果）基尼迫也依次喝了“鸡血酒”。

仪式结束后，刘伯承司令员赠送给小叶丹一面红旗，上书“中国夷（彝）民红军沽鸡（果基）支队长小鸦头”，和一支左轮手枪、六发子弹、两支三八式步枪。小叶丹为红军的真心实意所感动，硬要把他心爱的黑骡子送给刘伯承，但刘伯承司令员说：“我们红军是老百姓的队伍，不拿群众的一草一木。”不肯收下。由于相互争执不下，刘伯承又送给小叶丹十支步枪和一些弹药，才把骡子收下了。这时，小叶丹向刘伯承提出派红军帮助沽鸡（果基）家打垮罗洪家的要求，刘伯承司令员说：“沽鸡（果基）家、罗洪家都不应相互对立闹分裂，应该团结一致共同对付刘家（指刘文辉的国民党军队）。”耐心说服了小叶丹。天色已晚，小叶丹一行送刘伯承司令员回到大桥宿营，晚上红军以丰盛的酒肉热情款待，再次喝了"鸡血酒"。

5月23日清晨，红军在沽鸡（果基）支队沽（果）基尼迫、沙马尔各和沙马马核的护送下，取道大凉山向大渡河畔的石棉安顺场挺进。当时，小叶丹担心罗洪家支趁机攻打沽鸡（果基）家支，没有离开住地，他在沿途布置了许多人保护红军。沽（果）基尼迫等人往返护送红军七天七夜，当他们送完最后一批红军时，红军送了他们一大脸盆银元，作为酬谢，叫他们归途买肉吃、打酒喝。沽（果）基尼迫回忆说："在与红军打交道的那些日子里，我们沽鸡（果基）家的彝民第一次享受到了平等、友爱、团结、互助的幸福。"离别时，他们依依不舍，沽鸡（果基）家支的人们高呼："红军瓦瓦苦（万岁）！"一再祝红军一路平安。

（摘自《瞭望周刊》1985年第16期）

# 喜引红军过彝区 /唐玉鲁 陈颂华 果基尔日

中国工农红军经过千辛万苦，于1935年5月，抢渡了金沙江以后，蒋介石如热锅上的蚂蚁，惶恐不安，方寸大乱，急忙乘飞机到昆明，立刻电令各部在大渡河夹击红军。他口出狂言："大渡河乃太平天国石达开全军覆灭之地，现共匪入此彝汉杂居处、一线天、江河阻隔，插翅难逃……"然而，诡计多端的蒋介石是白日做梦，痴心妄想。

毛泽东领导的红军，在刘伯承司令和果基小叶丹"彝海结盟"后，顺利平安地通过了彝区。毛泽东曾风趣地问过刘伯承，诸葛亮七擒七纵孟获，才使他口服心服，你怎么一下子就使小叶丹信服。刘伯承笑着回答他，是我们严格执行了党的民族政策、冕宁县地下党的负责人派出了一位远见卓识的好向导的结果。

这个出色的好向导，既是联络员又是"通史"（彝语意为翻译），他姓陈名志喜，是太平军陈敬斋的后代，其妻徐宝珍，善良贤惠，家住四川省冕宁县城门外，后迁居现在的大桥镇（大桥驿）。他从小聪颖伶俐，机敏过人，读过几年私塾，能说会道，善于结交朋友。石达开兵败大渡河全军覆灭的惨痛教训，铭刻在他心上，在彝、汉杂居之地生存，和彝族人要善、亲、好的父训，在他耳畔回响；彝族两大家支的首领罗洪作一和果基小叶丹兄弟和他分别拜认两首领作干爹的情景，一幕幕浮现在他的眼前。他穿梭在彝、汉间来往做生意，会说一口流利的彝话。陈志喜家和冕宁地下党负责人陈野苹（曾改名陈荣檀，原中组部负责人）曾是要好的邻居，互为家门，关系颇佳，受其革命思想的影响极深。

陈志喜为彝海结盟牵线搭桥。

1935年5月21日凌晨1时许，刘伯承和聂荣臻率领的先遣部队神奇地到达冕宁，中共冕宁地下党组织群众欢迎，并做了周密安排，随后到达的毛泽东还亲自接见了彝族代表古（果）基达列，他们做了很多宣传工作，消除了彝族群众许多疑虑。

作为老四川的刘伯承，早年来过川西，凉山的地理、民俗风情已烂熟于胸，一到冕宁就和地下党的负责人陈野苹和廖志高联系上了，并请他们派一位既会讲彝话又了解彝区情况的可靠的人做向导。他俩不谋而合地推荐了陈志喜。陈志喜高兴地答应为红军过彝区当向导。这是地下党组织对他的信赖，这是刘伯承和聂荣臻以及红军对他的希冀和重托。

陈志喜向刘伯承等人详细介绍了当地两个势力最大的头人果基小叶丹和罗洪作一的情况以及行走的路线等，最后他深情地说，只要想方设法做好这两人的工作，和他俩喝血酒交挚友，红军是完全能够顺利平安地通过彝区的，请刘司令先和他俩见见面，试探试探，做到心中有数，有的放矢。刘司令喜出望外，欣然应承。

是日，陈志喜把作一请到冕宁县城北郊小堡村喇嘛庙里和刘司令会面，经过深谈，作一同意护送红军到大桥，随之两人对着天地举行了喝鸡血酒的仪式。于是，红军先遣部队平安地到达了大桥。当夜，陈妻徐宝珍把屋里屋外打扫干净，床上垫上了厚厚的稻草，烧了热水，恭候刘司令的莅临。这夜，刘伯承在陈家住宿。

翌日拂晓，陈志喜派他家的酿酒工龙老幺火速到彝海边的羊坪子，邀小叶丹前来会见刘司令。小叶丹只派了他的当家娃子沙马尔格子前来打听情况。"红军是共产党领导的、为人民谋解放、专门打国民党反动派的部队，对彝家秋毫不犯，红军司令刘伯承愿和小叶丹喝血酒，结拜为兄弟，借道北上抗日……"陈志喜推心置腹地用彝语对尔格子真情地说，"请你回去转告小叶丹，我说的话句句是真实的，我敢以性命担保，如有虚假，任他处置。"说到动情处，他还拍着胸口发誓。

刘司令和陈志喜感到意外，小叶丹为何不亲自前来呢？

原来一些不明底细的彝民，在喇嘛庙一带和红军前队工兵连发生过一次拦截阻击的事件，小叶丹因此顾虑重重，不便前往。结盟成否，简直还是一个悬念。

恰巧，工兵连在喇嘛庙受阻时，红军群众工作队队长萧华喜遇小叶丹的四叔果基约达，向他讲明了真情，刘司令愿意和小叶丹饮血酒结拜成兄弟等。这发自肺腑的话语，以前闻所未闻，深深地感动了小叶丹。耳闻目睹军纪严明的红军，同萧华和陈志喜所说的丝毫不差，他的疑虑也就烟消云散了。

这两方面的因素，便促使小叶丹作出了历史性的抉择。5月22日，刘伯承和小叶丹在彝海边举行彪炳史册、流芳万代的彝海结盟喝血酒的仪式。这是党的民族政策的伟大胜利，也是民族团结的嘹亮颂歌。

当晚，陈志喜受刘司令之托，邀请了小叶丹、罗洪作一等人欢聚在他家的酒店，又一次饮血酒，表明心意，人家频频举杯，欢庆彝海结盟的成功。

此夜，陈志喜协助小叶丹落实了沙马尔格子、果基特达等人分别为分路段的向导，欢引红军过彝区。

23日天稍亮，刘司令起床后，取出20块银元送给陈志喜，并深情地对其夫妇说道："红军的经费紧缺，这点银元留下你们用吧。"他边说还边从警卫员手中接过一支枪、几十发子弹和一面小三角形的五星红旗赠送给陈志喜，接着紧紧地握着他的双手说："红军走后，你们要同敌人斗争到底，红军一定会打回来的！”他高兴的接受在大桥接送红军的光荣使命，圆满地完成任务。

小叶丹等人把刘司令率领的先遣部队欢送过了彝海，在喇嘛庙惜别之际，刘司令将10支步枪、子弹和自用的左轮手枪馈赠给他，紧握住他的手再三叮嘱：你要打着红旗坚持斗争，我们定会打回来……小叶丹铿锵地回答：兄长的叮嘱，小弟坚决照办！说完，他把自己骑的一匹黑骡子赠送给了刘司令，频频挥手告别。经过七昼夜，全体红军安全顺利地通过彝区，沿途受到彝、汉人民的热烈欢迎，情深深，意悠悠，彝民们用彝语高呼“红军‘瓦几瓦’”（意为好得很）、“红军‘瓦瓦库’”（意为万万岁）！汉民则用汉语欢呼。行程200来里，红军神奇地到达了大渡河，为挥师北上，粉碎蒋介石的阴谋诡计赢得了时间。

1943年8月的一天，陈志喜不幸被作恶多端的伪保长打死，享年45岁。他虽然牺牲了，但他的精神和名字却永远铭刻在彝、汉人民的心上，被讴歌，被传颂。

刘伯承元帅一直思念着他全家，1959年，他派人去接陈志喜夫妇在重庆相见，这时才知道陈志喜已被害。以后，他指示中央军委给中共四川省委写信，对陈家要“妥善处理”，刘帅多次告诉儿子刘太行、刘蒙：彝海结盟是正确执行了中国共产党的民族政策的伟大胜利，一定要记住彝族人民和陈志喜等人对中国革命的巨大贡献。1980年11月的一天，刘蒙借出差之时，去看望了徐宝珍全家人。1986年10月7日刘伯承元帅仙逝。作为特邀代表的徐宝珍，悲伤万分，由其女陈文美和女婿王维围护送去北京，她悲痛欲绝地瞻仰了刘帅的遗容，同月16日，86岁高龄的徐宝珍和刘伯承元帅的夫人汪荣华在刘伯承元帅的追悼会上留影。事后，她在汪荣华家做客时，两人合影留念。当地政府对陈家也无微不至地关怀。

彝海结盟激励着大小凉山人民，在西部人开发的宏业中谱写着簇新的华章。

巍峨的彝海结盟纪念馆，在彝海边挺立，标志着中国共产党光辉的民族政策无比正确、伟大，标志着民族政策的伟大胜利；雄伟的刘伯承和小叶丹的塑像，耸立在航天城西昌的闹市三岔路中央，蕴含着彝汉民族团结的骨肉拳拳之情，切切之意，两位名人的雄姿，展现得栩栩如生，供世人瞻仰。

（摘自《北京档案》2002年第2期）

# 刘伯承与小叶丹歃血结盟* /汪荣华

伯承和小叶丹"彝海结盟"已经整整60年了。

60年前，中央红军为了北上抗日，摆脱敌人的围追堵截，进行艰苦卓绝的万里长征。当时，我正随红四方面军离开川陕根据地行进在长征途中，我的亲密战友和丈夫伯承同志在历经了四渡赤水、遵义战役、南渡乌江，横渡金沙等战斗后，由党中央决定任先遣队司令员，与聂荣臻政委率领先遣队通过彝民区向大渡河安顺场前进。在我和伯承共同战斗，生活的半个世纪里，伯承多次提及、忆起他与彝族首领小叶丹昭告天地、彝海结盟的动人情景。

当年红军虽然渡过了金沙江，跳出了敌人的包围圈，但前有敌堵，后有敌追，处境依然十分危险。千百年来，彝胞遭受历代反动统治阶级的压迫和掠夺，因而并不了解红军。历史有过惨痛的教训，太平天国时，翼王石达开曾领兵来到大渡河，由于他不善处理民族矛盾导致全军覆没，那年红军也来到了大渡河边。错估形势的蒋介石和国民党将领高兴地作下断言："红军必将成为石达开第二。"

但事实相反，伯承始终牢记着毛主席临别前的嘱托："过彝族区，一定要尊重彝族同胞，不能

* 此文系刘伯承夫人汪荣华1995年所写。

打抢，不能伤害彝人，先遣队的任务不是去打仗，而是去宣传我们党的民族政策，和彝族达成友好。”他通知工作团和先遣部队：要严格执行党的民族政策，广泛耐心地做好宣传工作，没有聂政委和他的命令，谁也不准开枪伤害彝族同胞。由于彝胞对红军缺乏了解，一开始进行了坚决地阻挡和拦截。甚至掠劫、袭击了红军。尽管如此，红军依然严格执行命令，模范执行党的民族政策，不还口，不还手，不开枪，使彝族同胞第一次看到纪律严明、秋毫无犯的人民军队。我想：这就是红军能顺利通过彝族区的基础，也是伯承和小叶丹能在彝海盟誓结拜的基础。

伯承是老四川，早年曾去过川西一带，对当地的风俗人情也比较熟悉，对党中央交给的任务总是想方设法努力完成。所以一到大桥镇，他就打听寻找石达开所属的后裔，了解情况，开展工作。当小叶丹提出如果红军真把彝民看作是兄弟，刘司令就应当一个人来盟誓结拜兄弟时，伯承闻讯十分高兴地说：“我们和彝民不结拜是兄弟，结盟更是兄弟。我们共产党人应该做团结的模范。”随即便策马前往，和小叶丹同跪海子边，同饮鸡血酒。结成了生死与共的同心兄弟。当晚，为了进一步做好民族团结的工作，又与小叶丹，还有罗洪部落首领罗洪作一以及通司陈志喜等喝了一次鸡血酒。席间，伯承和聂荣臻政委又共同做工作，劝彝胞不要打冤家，不要自相残杀，彝胞自己要团结，还要同汉族穷人团结。一个指头没劲，10个指头捏在一起力量就大了，大家一起闹革命，共同对付穷人的敌人——国民党反动派，小叶丹当即表示。他要组织起沽基（果基）部落，像红军一样为穷人打天下。第二天，小叶丹就派人护送红军通过彝民区。临分别时，伯承将自用的手枪，还有10支步枪送给小叶丹，小叶丹也将自己乘坐的大黑骡子送给了伯承，伯承嘱咐说：“红军走后你要打着红旗坚持斗争，我们会回来的！后面大部队还很多，拜托你一定把全部红军安全护送出彝民区。”小叶丹没有辜负他的盟兄伯承的嘱托，组织彝胞连续七天，把红军全部安全护送出彝族区，并组织建立了“中国彝民红军沽（果）基支队”，拿起枪来闹革命。全国解放后，伯承于1950年到达重庆，曾专派有关方面打听小叶丹的下落。才知道他在红军走后坚持了近六年的斗争，于1941年惨遭敌人杀害。

彝海结盟在历史上仅仅是极其短暂的一天，但它的意义远远超出了自身的时间与空间。毛主席曾十分关切地问过伯承：“诸葛亮七擒七纵才使孟获心服，你怎么一下子就说服了小叶丹呢？”伯承回答说：“主要是我们严格执行了党的民族政策。”的确如此，当年严格执行了党的民族政策，使红军过彝区化险为夷。今天，只要我们继承、发扬党的宝贵光荣传统，全心全意为人民服务，同样严格执行党的政策，我们就一定能创造更美好的明天。

（摘自《民族团结》1995年第7期。原题《牢记历史　共创明天》，本书标题编者拟）

# 沙马马海子与彝海结盟 /苏静

为了使红军顺利通过彝族聚居区，1935年5月22日，刘伯承司令员与彝族果基家支的首领果基小叶丹在冕宁县彝海边歃血为盟。当时居住在彝海边的彝族毕摩沙马马海子和他的叔伯哥哥沙马尔古（各）一起主持了"彝海结盟"的宗教仪式，并且积极主动地护送红军通过彝族聚居区。

彝海结盟是中国工农红军长征史上的重大事件。在一般史籍中，都主要是将笔墨集中在此次事件的主角——中央红军先遣队司令刘伯承和彝族头人小叶丹身上。其实在这次重大事件中，还有一个重要人物也为彝海结盟作出过积极的贡献。由于史料记载不多，他的事迹至今都还鲜为人知，他就是彝族毕摩沙马马海子。

沙马马海子于1908年出生于冕宁县彝海附近的一个毕摩世家。1935年5月，红军强渡金沙江后，到达凉山彝族聚居区的冕宁县泸沽镇，并准备强渡大渡河继续北上。当时红军面前有两条路线可供选

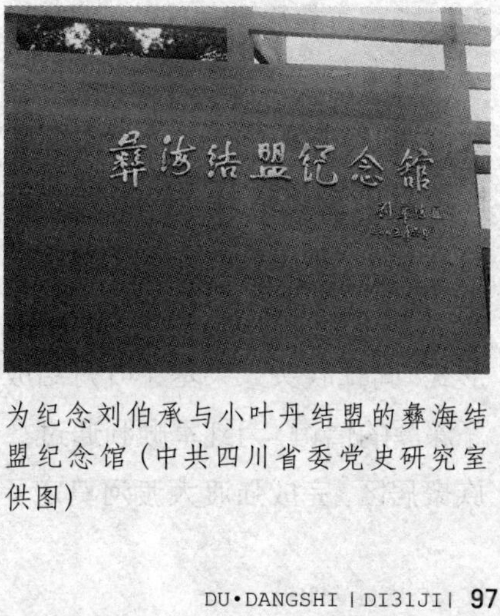


为纪念刘伯承与小叶丹结盟的彝海结盟纪念馆（中共四川省委党史研究室供图）

择：一条是从泸沽经过越西到汉源县大树堡的大渡河边，这条路虽便于行走，却有国民党军队的重兵把守。另一条是从泸沽经过冕宁县城，从拖乌翻山到石棉县安顺场的大渡河边，这是条羊肠小道，而且要经过彝族聚居区。由于地方军阀和历代反动统治集团长期统治压迫少数民族，造成深刻的民族隔阂，蒋介石认为红军不会走这条路，所以国民党军队的力量相对比较薄弱。在经过认真研究，权衡利弊后，红军毅然决定选择第二条线路。红军认为只要在彝族群众中认真宣传和执行党的民族政策，搞好同彝族群众的关系，取得他们的信任和支持，就能够化解民族隔阂，解决红军过彝族聚居区的问题。

红军应当怎样在彝族聚居区宣传、执行党的民族政策？怎样才能取得广大彝族群众的信任和支持？刘伯承根据彝族人民的传统习惯，创造性地采用了彝海结盟这一形式，同彝族头人果基小叶丹结成了深厚的情谊，为红军顺利通过彝族聚居区、完成强渡大渡河奠定了良好的基础，“彝海结盟”也成为长征史上的一段佳话。

沙马马海子不但直接参与了彝海结盟的整个过程，而且亲自主持了彝海结盟的宗教仪式，利用其作为宗教人物在广大群众中的影响力和号召力，给结盟仪式赋予了更多的神圣性和权威性。

据沙马马海子的《回顾“彝海结盟”》和《四川彝族历史调查资料、档案资料选编》等资料介绍：1935年5月22日，刘伯承派人来约果基小叶丹到彝海边上去谈判，商量红军过彝族聚居区的事情，并且明确表示愿与果基小叶丹结为弟兄。按照彝族的宗教习惯，举行重大的结盟活动，需要邀请毕摩主持结盟的宗教仪式，否则结盟就缺乏神圣性和权威性。因此，果基小叶丹到彝海边去见刘伯承时，除了带上其亲属以外，还特别邀请当时居住在彝海边的彝族毕摩沙马马海子和沙马尔古（各）随行。当果基小叶丹、沙马马海子等人来到彝海边时，红军已经来到彝海边上，有个懂彝语的红军战士站在山坡上大声宣传，说红军不打彝民打官僚，红军是彝民的兄弟。

当果基小叶丹、果基尼迫、果基沙马、沙马尔古（各）、沙马马海子、的惹普几子等人来到彝海边时，彝海边和山坡上都站满了红军。刘伯承司令出来接见果基小叶丹、沙马马海子等人时，他们按照平时彝族人见汉族官员的习惯，取下头帕，准备跪下向刘伯承行礼。刘伯承连忙阻止他们，说大家都是平等的，都是兄弟。然后，刘伯承对果基小叶丹、沙马马海子等人说明，红军是北上抗日路过彝族聚居区的，红军是工农子弟兵，是彝民的兄弟。刘伯承问果基小叶丹过彝族聚居区的路怎么走，并要求果基小叶丹为红军过彝族聚居区提供方便时，果基小叶丹对刘伯承说："从彝海边经过拖乌到石棉李子坪、察乐的路是我们果基家管的地盘。"

接着，刘伯承问果基小叶丹："我们怎样才能成为真正的兄弟？"果基小叶丹说："按照我们彝族的习惯，要打鸡喝血酒。"刘伯承说："我们就按照彝族的习惯打鸡喝血酒好了。"果基小叶丹事先就叫的惹普几子带上一只鸡，这时他把鸡交给沙马尔古（各）和沙马马海子。按照彝族的宗教习惯，他们首先念经打鸡，呼唤天神、地神来为刘伯承和果基小叶丹的结盟作证，然后把鸡血滴入装有彝海水的茶盅内（本来应当用酒，当时没有酒，就以水代酒），刘伯承先喝血酒，他说："上有天，下有地，只要我们活在世上，就一定要互相帮助，你帮我，我帮你，你不反我，我不反你，如果谁不一条心，整别人，就像这鸡一样死。"接着果基小叶丹喝血酒，他在喝血酒时除了重复刘伯承说过的那些话以外，还保证让红军安全通过彝族聚居区。

沙马马海子和沙马尔古（各）主持彝海结盟的宗教仪式具有重大意义。按照彝族的传统习惯，解决处理重大问题时，必须请毕摩来主持宗教仪式，体现神的威望。所谓神的威望，就是说，毕摩在主持结盟仪式时要呼唤天神、地神来为结盟者作证，如果谁毁盟，谁就要受到天神、地神的惩罚。这种神的威望不但体现在结盟的双方，而且体现在当地的彝族社会中。因此，当彝族群众得知是毕摩主持了果基小叶丹和刘伯承的结盟仪式后，彝族群众就立即把红军视为果基小叶丹的骨肉弟兄，红军也就顺利通过了彝族聚居区。

结盟仪式后，为了加深相互了解、信任，进一步商量红军过彝族聚居区的事情，刘伯承邀请果基小叶丹、沙马马海子等一行人到大桥镇去。当天晚上，刘伯承派人买了一只白母鸡和白酒，仍然邀请沙马尔古（各）、沙马马海子主持结盟仪式，又和果基小叶丹等人喝了一次血酒。刘伯承说，红军现在要北上抗日，以后要解放全中国，各民族要团结起来力量才会大，要坚持民族平等，坚持与地方军阀和恶霸势力作斗争。刘伯承代表红军把一面写有"中国夷（彝）民红军沽鸡（果基）支队"的旗帜交给果基小叶丹。

彝海结盟仪式结束的当晚，果基小叶丹、沙马马海子等人就留在了大桥镇红军司令部过夜。次日红军开始通过彝族聚居区。为了保证红军顺利通过彝族聚居区，沙马马海子又以他毕摩的身份及其在彝族群众中的影响力和号召力，参加了护送红军的行动。

果基小叶丹等人在彝海边搭了一个棚，红军指挥官和果基小叶丹、沙马尔古（各）等人在这里接应红军过彝族聚居区。护送第一批红军的有果基尼迫、沙马马海子、的惹普几子等十多人，他们一边给红军做向导，一边进行宣传工作。他们对沿途的彝族群众说："红军先遣队司令刘伯承和果基小叶丹喝血酒结为兄弟了，我们要让红军安全通过这里。任何人不得伤害、抢劫红军，不准阻挠、耽误红军行军。红军不打彝族群众，他们是北上抗日的，是我们彝民的兄弟。"沙马马海子平时经常在冕宁拖乌、石棉李子坪一带从事宗教活动和调解民间纠纷，具有一定的社会影响力。沙马马海子宣传和亲自护送红军的行为，极大地影响了沿途的彝族群众。沿途广大的彝族群众不仅加深了对红军的理解和信任，而且还积极支持和帮助红军，主动给红军当向导的人也越来越多。因此，当第一批红军顺利过境后，三五个人、两三个人也可以送一支红军队伍过境了。红军大队在果基小叶丹所领导的彝族人民的护送下，一路畅行无阻，经过几天几夜，安全迅速地通过了彝族聚居区。

（摘自《中国民族报》2010年5月21日，本书选编有删节）

# 刘帅与红军向导的两代情

/毛幼熙

1935年5月22日，中国工农红军先遣司令刘伯承，与四川凉山彝族果基家支首领小叶丹，在冕宁县彝海之滨达成了举世闻名的彝海结盟，使红军主力部队顺利通过彝族聚居区。彝海结盟的促成者有太平军的后裔陈志喜。去年盛夏，笔者在成都访问了陈志喜的长女陈文芙。年逾七旬的她深情地回忆起刘伯承元帅一家与他们两代人之间的深厚情谊。

## 果敢搭义桥　彝海喜结盟

陈志喜(1899—1935)，祖籍湖南祁阳，父亲陈敬斋是太平天国翼王石达开前队营的士兵。石达开当年兵败大渡河后，所余8000将士，或被清军追杀，或投大渡河身亡，或四处逃散流亡，或被卖作奴隶。陈敬斋流落到冕宁县城南郊安家落户，后来得子陈志喜。

志喜成年后与当地女子徐宝珍结婚，后迁居大桥镇。因此地是彝汉杂居地区，长期与彝民接触，所以通彝语。他为人热情诚恳，精明能干，很有活动能力。红军长征经过大桥镇时，刘伯承将军就住在他家，并问陈志喜，怎样才能通过彝区。陈志喜建议红军做好当地彝族头人中最有威望的果基小叶丹的工作，并说自己是小叶丹的干亲家，可以叫人把他请来。于是，促成了刘伯承与小叶丹“彝海结盟”。临别时，刘伯承拿出20块银元，作为住在陈志喜家的费用。刘伯承对陈志喜说：“现在红军经费很困难，就留下这点吧。”还说：“红军走后，你们要坚持斗争，红军一定要回来的。”陈志喜高兴地接受了在大桥接送红军的任务，经过七天七夜，终于护送全部红军通过彝区。

## “文革”受迫害　刘帅澄冤情

红军走后，国民党反动派卷土重来，疯狂镇压革命群众。陈志喜遭到严刑拷打，被抄了家，当年便含恨去世。徐宝珍在家破人亡的困境中，含辛茹苦将女儿陈文芙、陈文芳、陈文明抚养成人，她始终相信刘伯承说的那句话：“红军一定要回来！”

1950年3月，冕宁解放了。7月间，几位当年的红军——解放军来到冕宁，接陈志喜去重庆见刘伯承。当他们得知陈志喜早已去世的消息后，又要她们照张全家像带给刘伯承。可是在“文化大革命”中，刘帅关怀过的这一家子，竟成了“冒充革命有功人员家属”而遭到批斗。

1969年，徐宝珍让女儿陈文芙、陈文明上北京找刘帅诉说冤情。谁知当时刘帅也蒙受迫害，不能见客，姐妹俩只好返回冕宁。而对徐宝珍一家的批斗又升了一级。1971年，徐宝珍冒着进一步挨整的危险投书刘帅。这封信几经周折，终于转到刘帅手中。刘帅不顾身体有病，亲自口授，由夫人汪荣华代笔致函中共冕宁县委：“在红军长征中，我奉毛主席命令任先遣司令，经四川冕宁大桥驿，找到一个姓陈的向导，他原籍湖南，他做向导对我们帮助很大。”

然而落实刘帅的信，却是在粉碎“四人帮”后的1979年。在中央军委和刘帅的关怀下，冕宁县委发文件肯定：“陈志喜在促进‘彝海结盟’这一重大历史事件中和帮助红军顺利通过彝区的工作中，确实有重要贡献。”

## 两代结友谊　不忘刘帅情

1982年冬，刘帅派部队作家柯岗和儿子刘蒙到冕宁，拜访了徐宝珍老人，并了解当年红军长征过冕宁的史料。徐宝珍一遍又一遍地嘱咐刘蒙："请代我问你爸爸妈妈好！"为了表达对刘帅的感激之情，老人专门挑选了一纸箱冕宁的薄壳核桃和家乡甜梨，托刘蒙带给刘帅。不久，一封信和一个包裹从北京寄到徐宝珍手里。信是刘帅夫人汪荣华写的："嫂子，感谢你对刘伯承和我的问候……我代表伯承送你一段衣料，表达我们对你的惦念之心……"

1986年10月7日，刘帅在北京与世长辞，徐宝珍作为特邀代表，赴京参加了刘帅的追悼会。老人在首都住了七天，受到刘帅夫人汪荣华无微不至的关怀。当徐宝珍离京前，汪荣华特意购置了一件羽绒大衣相赠。刘帅送给徐宝珍的那段蓝色衣料，老人做成一套中式服装，但平时她总舍不得穿。1989年7月4日，徐宝珍逝世，终年88岁。她在弥留之际，将刘帅和夫人赠送的中式服装和羽绒大衣留给后代，要求子子孙孙都不要忘记刘帅的情谊。

1995年8月1日，冕宁县和省内外各族群众一万多人聚集彝海，隆重举行红军长征过冕宁暨彝海结盟60周年纪念大会，并为江泽民同志题写碑名的"彝海结盟纪念碑"揭幕。

刘帅夫人汪荣华以《牢记历史　共创明天》为题撰写了文章。文中两次提到红军向导、通司（翻译）陈志喜为中国革命作出的贡献。陈志喜的小女儿陈文明，作为特邀代表参加了纪念活动。随后，刘氏兄弟特意到西昌与陈文芙夫妇亲切会见。在举行红军长征暨彝海结盟70周年庆祝活动时，刘蒙除在冕宁与陈文明等见面外，还赶到西昌看望陈文芙夫妇。

陈文芙为了感谢刘帅两代人对他们的关怀，她以三姊妹的名义备了一些当地的土特产品，请刘蒙带回北京。不久，陈文芙收到刘帅夫人汪荣华的信："陈文芙、文芳、文明：你们好！来信收到，阿蒙参加彝海结盟活动回来后，说你们都好，冕宁变化很大，我很高兴。托阿蒙带来的蘑菇、火腿收到了，非常感谢！祝你们全家好！！汪荣华。”

是啊，红军当年处在最困难的时候，人民群众对革命事业的帮助，就像甘泉之水滋润人们的心田一样，留下的是永志难忘的情谊。

（摘自《晚霞》2006年第3期）

# 大凉山的信义传奇

/《凉山日报》记者　杨发超

1935年，在大凉山的冕宁县彝海边，红军司令与彝族首领歃血为盟，成为了红军长征途中最温暖的一段行程。伴随着这些耳熟能详的长征故事长大的一代凉山人，因为一段光荣的历史，一份坚守的责任，一起真挚的回忆，一件永恒的纪念，誓将长征精神世代传承下去。

## 沙玛依姑

“有人说我只是在守一个水塘塘，但我晓得，我是在守护一种精神，一种长征中红军和少数民族亲如兄弟的感情。20年了，和我一样的人当官的当官，发财的发财。我虽然穷，但我认为守护彝

刘伯承与小叶丹结盟的彝海边（中共四川省委党史研究室供图）

海，再穷也是一种富有。”面对一次又一次的采访，沙玛依姑重复得最多的就是这句话。

沙玛依姑，彝海结盟遗址——彝海景区管理员，1986年，被冕宁县文物管理所聘请，成为彝海的守护人。风雨20年，同自己一道的守护人换了一茬又一茬，而沙玛依姑却秉承着父辈们留下的精神，依然坚守在荒凉的彝海边，看护

着这里的一草一木，留恋着这里的一山一水。

作为彝海结盟亲历者，当时的通司（翻译）沙玛尔各的孙子，沙玛依姑颇为自豪。1935年5月22日，红军先遣队司令员刘伯承与果基家支首领小叶丹，在彝海湖畔以水代酒，歃血为盟，沙玛依姑的爷爷沙玛尔各帮助杀鸡，成为那段光荣历史的见证人。

沙玛依姑还骄傲地告诉记者，在纪念红军长征60周年塑彝海结盟纪念碑时，由于爷爷没留下照片，而自己长像又酷似爷爷，所以自己还成了爷爷塑像的模特。

如今，为了加强彝海景区的管护，沙玛依姑把家人都带上了彝海，与自己一同守护着这个父辈们留下的精神宝库。

## 陈一

81岁的陈一老人，如今在冕宁城很出名，因为当年毛主席就住在他家。

"'红军纪律严明，打倒土豪劣绅'，红军来的那年，我们家门口的罩壁上就刷的有这样的标语，我太祖叫我照着写，我跑了十几趟才把字写完。"回忆当年，陈一老人清晰如昨。

1935年5月21日，红军长征至冕宁，成为入川后所进入的第一座县城。其中有一部分就住在陈一家中。时年的陈一刚上初小，每天都要完成太祖安排的一篇大字，对所写的红军标语，懵懂的他认不全，也不知啥意思。

这时，一位长头发、高个子的红军笑了笑，把字拿过去，手把手地教他写。高个子红军解释"打倒土豪劣绅"就是要把天下吃人害人的都打倒，随后拍拍自己的头，鼓励以后好好读书。当时没人知道教陈一写字的人是谁，直到20世纪50年代，中央重新寻访毛主席革命战斗过的地方，几方比较，才知高个子红军就是毛主席。

陈一回忆道，当年红军住在他家时，占用了厨房，自己家就不用做饭了，天天有红军端来，就连养的猪都是红军战士帮喂的。要是主人家锁着的门，红军动都不动一下。住了几天，临走前，把所有地方打扫得干干净净，并不断地向主人问家中有没有损失。

## 郭宗耀

“这个有党徽的顶针是红军艰苦朴素的见证，我把它献给文管所，是希望让更多的人继续发扬红军长征时艰苦朴素的优良作风。”2006年5月25日，将一枚铸有党徽的顶针捐给县文管所时，顶针持有者——冕宁县巨龙供销社下岗职工郭宗耀道出了心愿。

郭宗耀告诉记者，这枚顶针是一个名叫涂耀先的红军赠与他的。无论生活境遇如何变迁，郭宗耀都精心珍藏着顶针，从未想过丢弃与变卖，谨遵着涂耀先的叮嘱。

1935年5月，时为矿工的涂耀先参加了红军，长征途中，一江西籍红军战士将自己的针线包赠与涂耀先，包中一枚铸有党徽的顶针自此跟随其近50年。无论爬雪山还是过草地，不管上延安还是解放回故乡，涂耀先一直用这枚顶针缝缝补补，继承红军艰苦朴素的优良传统。

回乡后，年老体弱的涂耀先与当时在冕宁县巨龙供销社供职的郭宗耀同住一院。见老人的日子艰苦，郭宗耀尽其所能，帮扶老人。到1981年，年迈的涂耀先深感自己时日不多，将自己精心珍藏的这枚顶针转赠给郭宗耀，并叮嘱他保存好顶针，好让革命友谊和长征时红军的优良传统在世间世代流传。

一段光荣的历史，一份坚守的责任，一起真挚的回忆，一件永恒的纪念。长征精神，一直闪耀在长征路上。

（摘自《凉山日报》2006年10月13日）

# 一座民族团结的历史丰碑 /巴莫尔哈

## ——"彝海结盟纪念碑"落成始末

1935年5月22日，中央红军北上先遣队司令刘伯承和彝族首领果基小叶丹在西康省冕宁县（今属四川省凉山彝族自治州）彝海边举行了名扬后世的彝海结盟。刘伯承赠送给小叶丹"中国夷民红军沽鸡（果基）支队"队旗一面，任命他为支队长，并当场写下委任状。小叶丹忠实地执行刘伯承的嘱托，将彝民组织起来，护送红军后续部队安全通过彝民区。这次结盟为中央红军顺利通过地形和社会环境都十分复杂的凉山地区创造了有利条件，为红军尔后抢渡大渡河赢得了时间，是中国共产党民族宗教政策的一次成功实践，在中共党史和人民解放军军史上占有一席之地。如今，在中国最大的彝族聚居区——四川省凉山彝族自治州州府所在地西昌市中心矗立着"彝海结盟纪念碑"。关于这

彝海结盟纪念碑

座反映民族团结历史丰碑的建造过程，还有很多鲜为人知的故事。

1983年底，我任西昌市第一任市长、市委书记时，市委、市政府提出要把西昌建设成为一个“政治安定、民族团结、经济繁荣、文明整洁、具有民族特色的现代化新型城市”，获得全市各族人民一致赞同。同时，为了永远纪念彝海结盟这一历史事件，让这个民族团结的历史丰碑永远矗立在凉山，我提议在西昌市中心建造“彝海结盟纪念碑”，经过市委、市政府讨论一致通过。正当一切进展顺利的时候，意外出现了。

纪念碑原计划在彝海结盟50周年时举行落成典礼，但在1985年初制作纪念碑模型时，有些不明真相的人表示反对，并联名向中共四川省委和中共中央反映不同意见，认为果基小叶丹送走红军后有变节行为，并把当年冕宁抗捐军失败的责任记在了他的头上。对于冕宁抗捐军失败的问题，很多人并不知道实情，一时弄得沸沸扬扬。在这种情况下，市委领导班子中也有人提出“暂时放下，今后再说”。但我认为，彝海结盟是中央红军长征路过凉山时具有重大历史意义的一件事。它所代表和反映的不是哪一个人和哪一个家族的事情，而是中国共产党民族团结政策最真实、最直接的优良传统和历史见证。因此，在凉山彝族自治州首府——西昌建造“彝海结盟纪念碑”具有特殊意义，一定要建成，决不能轻言放弃。为了实现这一宿愿，我做了三件事。

## 一、针对冕宁抗捐军失败问题进行调查研究

我找到果基小叶丹的弟弟、时任凉山州政协副主席的果基尼坡，请他回忆1935年冕宁抗捐军失败与果基小叶丹有无关系。果基尼坡回忆说：“1935年红军长征到冕宁，小叶丹和刘伯承司令在彝海边结盟送走红军后，忠实地执行了刘伯承的嘱托，将彝民组织起来，护送红军长征的后续部队安全通过彝民区。红军走后小叶丹打起了‘红军彝民支队’的旗帜，并与罗

洪、洛伍家两支队伍联合起来，最多时有1000多人，发展成为当地有名的‘冕宁抗捐军’，坚持了5年的斗争。1941年，彝族的民族败类邓秀廷在反动军阀的支持下，分化了这三支队伍的联盟，镇压了冕宁抗捐军，抓住了我哥，并把刘伯承写给他的委任状搜出来，以‘通共’的罪名，将其残杀在大桥镇，还强行收缴了我哥家11支枪、罚款1.2万两银子。因此，冕宁抗捐军的失败与我哥毫无关系。我哥被害前嘱咐我嫂子说，共产党、红军一定会回来，要把红军司令员刘伯承授予的‘中国夷民红军沽鸡（果基）支队’的队旗藏好，等红军回来后去找共产党。我嫂子把这面队旗缝在她穿过的一件裙子里珍藏着。1950年3月冕宁解放后，我嫂子把珍藏多年的旗帜交给解放军首长。现在这面队旗原件还保存在北京中国人民革命军事博物馆里”。

为了进一步了解情况，我和市委办公室主任刘体刚一起到老地下党员、凉山州原州长瓦渣木基家，请他回忆当年冕宁抗捐军失利的情况。瓦渣木基说：“我当时十七八岁，记得很清楚。果基小叶丹送走红军返回后，抗捐军被国民党邓秀廷军队和反对果基家的一些黑彝头人的武装包围。当时抗捐军领导派人找果基小叶丹设法脱离险境，离开冕宁。当果基小叶丹如约带了四个人去见抗捐军领导商议撤走路线时，抗捐军领导不同意果基小叶丹的突围方案，认为他设计的路线危险性更大。几经争论，果基小叶丹无法说服抗捐军领导。此时，枪声四起，敌人的包围圈越来越小，果基小叶丹只好趁黑夜带着他的人走了。抗捐军失败就是这样造成的”。“1950年解放后，冕宁的一些头人还互相串连，要把当年抗捐军失败的责任推到果基小叶丹身上，免得以后政府安排人时，不安排他们这些人……”我向瓦渣木基汇报了要在西昌城内建“彝海结盟纪念碑”的事，他肯定地回答：“西昌市建‘彝海结盟纪念碑’是件好事，很有意义，应该搞。”经过调查，我心里有数了。在稍后召开的市委常委会议上，领导班子成员统一了思想。

## 二、向上级申报立项和呈请中共中央总书记胡耀邦题写碑名

我认为，要把建造"彝海结盟纪念碑"这件事办好，必须向中央有关部门汇报，并和其他领导商定请当时的中共中央总书记胡耀邦题写碑名。我和凉山军分区政治部副主任彭汉民、市委办公室主任刘体刚以及四川省教育厅民教处处长李德高（曾任凉山州团委副书记，新中国成立初期任中共川北区委书记胡耀邦的秘书）一行四人，持省委宣传部的介绍信去中共中央宣传部、解放军总政治部汇报在西昌建"彝海结盟纪念碑"的事。到京后，我和李德高去了胡耀邦家。胡耀邦当时不在家，值班人员与胡耀邦的秘书张耀光电话联系后，定于当日15时在中南海国务院办公厅会客室接待我们。我们与张耀光见面后，首先说明了来意，并请胡耀邦为纪念碑题写碑名和碑文。张耀光热情地说："耀邦总书记和党中央政治局同志在北戴河开会和休假，一时还回不了北京，你们工作忙，先回去"，并答应向胡耀邦汇报此事。因碑文多达184个字，张耀光让我们另外找人写碑文，至于题写碑名的事，如果胡耀邦同意，他会具体办理的。我们满意而归，随后又到中共中央宣传部、解放军总政治部去汇报。

我们返回西昌后不久，市委就收到了胡耀邦题写的碑名手稿——"彝海结盟纪念碑　胡耀邦　一九八五年八月"以及中共中央宣传部对西昌市政府所拟碑文的回复："中共四川省委宣传部：一九八五年七月十七日，你部介绍四川省西昌市委书记巴莫尔哈等同志来我部联系审定'彝海结盟纪念碑'碑文事宜。现将审定后的碑文正式函告你们，请转凉山州委和西昌市委。希继续做好各方面同志的思想工作，增强彝汉民族之间的团结。中共中央宣传部　一九八五年七月三十一日。"碑文经中共中央宣传部审定批准为："中国工农红军长征路过凉山，红军总参谋长、先遣队司令员刘伯承同志

与彝族果基家首领果基小叶丹于一九三五年五月二十二日，在冕宁县彝海乡彝海边，歃血为盟，结为兄弟，为红军顺利通过彝区，加快前进速度铺平了道路，在中国革命和彝汉民族团结史上写下了光辉的一页。今立此碑，以志纪念。永远激励凉山各族人民发扬革命传统，世代团结，为凉山繁荣富强而努力奋斗。西昌市人民政府　一九八五年十二月立”。

## 三、决定选用最好的红砂石建碑

关于用什么材料建造“彝海结盟纪念碑”的问题，也经过了一些争论和比较论证。最初打算花6万元用水泥或大理石制作，但经过一番比较和调查后，当时负责雕塑设计的四川美术学院专家组负责人赵树桐和凉山州、西昌市的专家们认为，水泥档次太低，大理石易风化，保存时间不长。花岗石比较硬，石质粗糙，呈现的画面不好看。而西昌本地大兴一带的红砂石，石质好，比较细，硬度也够，但要建这样一座大型雕塑造价比较高，大约需要花20多万元。在当时20多万元是一笔很大的开支。在这种情况下我问专家，红砂石能管多少年？专家们回答：可以管1000年！我当即拍板说：“好！能管1000年我们花20万建这样一座历史的丰碑也值得，等1000年后风化倒塌了，我们的子孙再重新把它塑起来。”最后决定用红砂石建造这座纪念碑，碑高9.2米，宽7米，厚3.5米。

1986年1月1日，西昌市举行了隆重的“彝海结盟纪念碑”落成典礼。一座象征彝汉民族团结的历史丰碑——“彝海结盟纪念碑”，终于屹立在西昌市中心南桥西头的街心花园。自此，“彝海结盟纪念碑”成为西昌市一个标志性景观，记载着我党我军模范执行民族团结政策的光辉历史，传颂着当年中央红军北上先遣队司令刘伯承和彝民领袖小叶丹彝海结盟的传奇故事。

（摘自《军事历史》2010年第3期，作者系四川省凉山彝族自治州原州长，西昌市首任市长、市委书记）

# 党的民族政策的光辉篇章 /伍精华

## ——重温长征途中的《中国工农红军布告》

红军长征途中，在大凉山度过了30余个日日夜夜。除了震惊中外的“巧渡金沙江”“会理会议”“彝海结盟”等伟大壮举外，还有一项值得大书特书、永载史册的创举，那就是以朱德总司令的名义在冕宁发布的《中国工农红军布告》。它以短短的156个字，生动浓缩了中国共产党关于民族问题的基本主张，谱写了党的民族政策的光辉篇章。《中国工农红军布告》为彝海结盟奠定了基础，是红军长征时期民族关系、军民关系、军政关系、党群关系的具体体现。

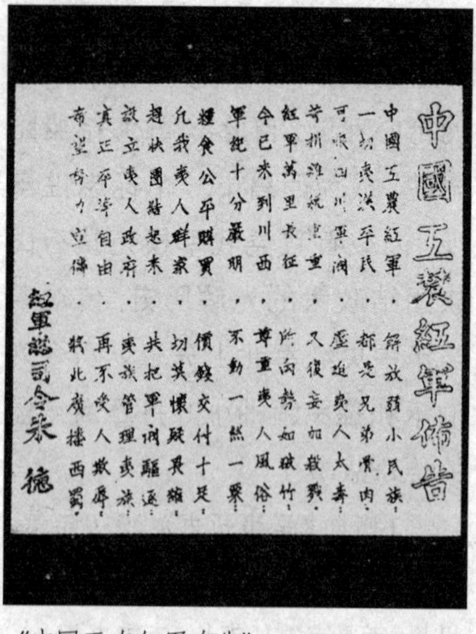
中國工農紅軍佈告
中國工農紅軍．解放弱小民族．
一切夷漢平民．都是兄弟骨肉．
可恨四川軍閥．壓迫夷人太毒．
苛捐雜稅重重．又復妄加殺戮．
紅軍萬里長征．所向勢如破竹．
今已來到川西．尊重夷人風俗．
軍紀十分嚴明．不動一絲一粟．
糧食公平購買．價錢交付十足．
凡我夷人群衆．切莫懷疑畏縮．
趕快團結起來．共把軍閥驅逐．
設立夷人政府．夷族管理夷族．
真正平等自由．再不受人欺辱．
希望努力宣傳．將此廣播西蜀．
紅軍總司令朱德

《中国工农红军布告》

### 《中国工农红军布告》的发布及历史背景

中国工农红军顺利通过彝族地区，是红军长征这部雄伟壮丽史诗中的重要篇章。1935年5月，中央红军由云南巧渡金沙江皎平渡，摆脱敌人的围追堵截，进入四川凉山地区。当时,蒋介石调动十余万中央军围追,部署五六万川军在大渡河畔堵截红军,扬言要在大渡河消灭红军,让红军重蹈石达开全军灭亡的覆辙。在这紧急关头,党中央在会理召开了政治局扩大会议,决定成立以刘伯承为司令、聂荣臻为政委、罗瑞卿为参谋长的红军先遣部队,为红军开路。

刘伯承和聂荣臻率领先遣队于5月20日抵达泸沽。为迅速抢渡大渡河,刘伯承等根据形势的变化,决定取道冕宁,过彝区到安顺场。出发前,刘伯承对部队作了动员,要求部队严格执行党的民族政策,广泛宣传朱德总司令安定彝民的布告,争取和平通过彝族区。

由于国民党反动派和四川军阀实行残酷的民族压迫政策,当时的冕宁民族矛盾十分尖锐,彝人对汉人怀有强烈的戒备心理和敌对情绪。加之红军到冕宁之前国民党又进行了大量反动宣传,弄得人心惶惶。红军先遣部队一进入彝区,便被彝民堵住了去路,连连遭到袭击。面对这种严峻形势,5月22日,红军在冕宁县城公开张贴具有重大历史意义的《中国工农红军布告》(以下简称《布告》)。这个布告是以朱德总司令名义发布的,实际上是中共中央的集体决定,在先遣部队进入冕宁时就已普遍宣传。《布告》指出:"中国工农红军,解放弱小民族;一切彝汉平民,都是兄弟骨肉。可恨四川军阀,压迫彝人太毒;苛捐杂税重重,又复妄加杀戮。红军万里长征,所向势如破竹;今已来到川西,尊重彝人风俗。军纪十分严明,不动一丝一粟;粮食公平购买,价钱交付十足。凡我彝人群众,切莫怀疑畏缩;赶快团结起来,共把军阀驱逐。设立彝人政府,彝族管理彝族;真正平等自由,再不受人欺辱。希望努力宣传,将此广播西蜀。"

中国共产党的民族理论和政策是在马克思主义民族理论指导下,结合中国民族问题的实际创立和发展起来的。在长征路上,红军经过了12个省的14个少数民族聚居区,红军与彝、苗、瑶、壮、布依、土家、侗、纳西、白、傈僳、藏、羌、回、蒙古等少数民族直接交往，加深了对各少数民族政治、经济、宗教、文化、风俗习惯的了解，提高了对民族众多、民族社会制度不同现状的认识，从多方面积累了民族工作经验，为党的民族理论和民族政策的形成发展打下了基础。

《布告》以通俗易懂的语言，集中表达了这一时期中国共产党关于民族问题的基本主张。"中国工农红军，解放弱小民族：一切彝汉平民，都是兄弟骨肉"，开宗明义地提出了各民族不论人口多少、居住区域大小，一律平等的马克思主义民族观，这是极其宝贵的。当时为了广泛宣传党的民族平等政策，红军指战员在语言不通的情况下，把竹子砍下来整齐地排列成一样高，用手比划向群众解释，意思是你是彝人，我是汉人，我们都是一样高的，这就叫作民族平等。"尊重彝人风俗"，就是尊重少数民族的风俗习惯，而尊重少数民族的风俗习惯，就是尊重少数民族。"军纪十分严明，不动一丝一粟"，体现了红军与旧式军队的根本区别。当时由于国民党反动派的宣传，一些不明真相的群众弃家跑到山上躲藏，红军用了他们的粮食就把钱放在粮袋里，用了柴就把钱放在柴堆里，喝了水就把钱放在水桶边，所以很快赢得了彝族群众的信任。"赶快团结起来，共把军阀驱逐"，指明了军阀是彝族人民和汉族人民的共同敌人，这就使彝族同胞认识到红军是为他们谋解放的。"设立彝人政府，彝族管理彝族"，则体现了充分尊重和保障各少数民族管理本民族内部事务权利的精神，是我们党实行民族区域自治的先声。

## 《中国工农红军布告》的历史意义与深远影响

在发布《布告》的同时，广大红军指战员身体力行，严格执行党的民族政策。一到冕宁，红军就释放了被国民党县政府关押在监狱里的彝族人质，并请他们喝酒、谈心，宣传《布告》精神，宣传党的民族平等团结政策，宣传红军是各族人民的军队，使彝族群众认识到红军是专打国民党反动派的，是帮助彝族人民翻身求解放的。红军广为宣传《布告》精神，在短短几天内就赢得了彝族人民的信任和拥戴。

光照千秋的彝海结盟，就是《布告》所阐述的民族政策结出的硕果。1935年5月22日，刘伯承和果基家族首领小叶丹按约定在山清水秀的彝海边见面，歃血盟誓，结为兄弟，这就是享誉中外的“彝海结盟”。这种真诚与友好，对彝族人来讲是从未有过的事，使他们深受感动。次日，红军先遣队在小叶丹的陪同下向彝区进发，沿途没有受到阻拦，直达安顺场，为抢渡大渡河、飞夺泸定桥赢得了宝贵的时间，对保证长征的胜利起到了关键作用。从这个意义上讲，长征的伟大胜利，也是红军正确制定和实行党的民族政策的伟大胜利。

这个《布告》还有一个重要内容，就是第一次提出了“万里长征”一词。从此，“万里长征”一词从冕宁传遍凉山，传遍全中国乃至全世界。长征胜利后，毛主席总结说：“讲到长征，请问有什么意义呢？我们说，长征是历史纪录上的第一次，长征是宣言书，长征是宣传队，长征是播种机。”

长征是宣言书。在凉山，红军郑重宣告各民族一律平等、各民族都是骨肉兄弟，并明确提出尊重少数民族风俗习惯、建立民族区域自治的思想和主张。这些思想和主张，在新中国成立后都变成了现实。

长征是宣传队。凉山是一块具有光荣革命传统的土地。红军队伍向沿途各族人民宣传，反动军阀是各族人民的共同敌人，只有红军的道路才是他们解放的道路。在凉山，红军经过了现在的会理、会东、宁南、普格、德昌、西昌、喜德、冕宁、越西、甘洛等10县市，当地各族人民受到革命教育，明确了革命的方向。一大批凉山各族儿女踊跃参加红军，其中有些人后来成为中国共产党的高级干部。

长征是播种机。红军进入冕宁后，建立了入川以来的第一个革命政权——冕宁县革命委员会。特别值得一提的是，县革命委员会设立了两科一室，其中一科就是弱小民族科，这个科是红色政权建立以来从未设立过的科，是历史上的第一次，是今天从中央到地方设立的民族工作机构的雏形。同时，还成立了中国共产党冕宁县工作委员会，建立了武装组织"抗捐军"。红军点燃的星星之火一直燃烧在这块土地上。我本人就是由红军长征时隐蔽下来的共产党员、我的老师李祥云同志引上革命道路的，我为自己生长在这个具有光荣革命传统的地方而深感自豪。

1950年3月，刘伯承指挥的中国人民解放军解放了凉山，1950年底成立了西昌专区民族民主联合政府，1952年建立凉山彝族自治区（后改为自治州）。1956年，我有幸作为凉山州的唯一代表参加了中共八大，并就《凉山彝族从奴隶制度废除后直接向社会主义过渡》的问题作大会发言，表达了彝族人民改变落后面貌、尽快跻身于先进民族行列的美好愿望和坚定信心，受到了毛泽东、周恩来、刘少奇、朱德等党和国家领导人的接见。50多年来，在中国共产党的正确领导下，在党的民族政策光辉的照耀下，勤劳、勇敢、智慧的凉山人民创造了举世瞩目的人间奇迹，一个初步繁荣昌盛的社会主义新凉山已经展现在世人面前。

今天，重温《中国工农红军布告》和那段历史，感想很多。我们要继承和发扬伟大的长征精神，坚定理想信念，不怕艰难困苦，为民族地区全面建设小康社会和早日实现现代化而不懈奋斗。我们要牢牢把握各民族共同团结奋斗、共同繁荣发展的主题，进一步巩固和发展平等、团结、互助、和谐的社会主义民族关系，坚持和完善民族区域自治制度，加快民族地区的经济发展和社会进步。我们坚信，在中国共产党的领导下，各民族共同繁荣发展的伟大理想一定能够实现。

（摘自《求是》2006年第19期，作者系中共西藏自治区委原书记、国家民族事务委员会原第一副主任）

# 彝海结盟是中国共产党民族工作的光辉典范 /郭江明

1935年5月，中共中央率领中央红军长征到达会理地区，经过讨论决定继续北上，越过大渡河，夺取西昌，实现到川西北与红四方面军会师的战略目标。

当时，北上渡过大渡河有两条路：一条是大路，即从泸沽东面翻越小相岭，经越西县城到大树堡，由此渡过大渡河；另一条是崎岖难走的羊肠小道，即从泸沽北面到冕宁县城，然后通过拖乌彝族聚居区，从安顺场渡过大渡河。

参加红军的部分彝族战士长征到达陕北后合影

蒋介石断定红军绝不会冒险经过彝族聚居区，只能走大道。即使红军冒险进入彝族聚居区，也必定遭到彝民阻止，发生冲突，两败俱伤，他可得渔人之利。于是，他调集重兵部署在大路上，企图阻止红军北渡，进而达到围歼红军的目的。

毛泽东却使用出奇制胜的高招：决定红军走小道直趋安顺场。但红军要顺利通过彝族聚居区，预期到达安顺场，确实存在一定困难。

由于历史的原因，彝族人民对汉人多有猜忌和敌视，他们特别反对汉人尤其是汉人的军队入境，而汉人也一向视彝族聚居区为畏途。

为顺利通过彝族聚居区，中央军委决定派一支先遣部队到彝区探路，宣传党的民族政策，用政策的感召力与彝民达成友好；用和平的办法借道彝区。刘伯承被任命为先遣队司令员，红一军团政治委员聂荣臻担任先遣队政治委员；红一军团政治部组织部部长萧华率群众工作团随行。

1935年5月21日，在风景秀丽的彝海边，刘伯承司令员依照彝族习俗，与彝族头人果基小叶丹歃血为盟，结为兄弟。随后，果基小叶丹派出几名彝族向导为红军带路。在彝族兄弟的护送下，红军顺利地通过了彝区，为迅速北上，抢在国民党军队重兵到来前强渡大渡河，创造了条件。

彝海结盟证明了中国共产党民族政策的无比正确，是党的民族工作的光辉典范。

## 一、彝海结盟是重视民族工作，宣传党的民族政策的光辉典范

在长征路上，尤其是进入少数民族地区，中共中央都十分重视民族工作。中央红军渡过金沙江，进入彝族地区，吸取了前期经过湖南、贵州、川南苗族、瑶、土家等少数民族地区时开展民族工作的经验，对民族工作更加重视，对民族政策的宣传力度得到进一步加强。

一是中革军委以总政治部名义向各部下达了《关于争取少数民族工作的训令》，强调指出：“野战军今后的机动和战斗，都密切的关系着争取少数民族问题，这个问题之解决，对于实现我们的

战略任务，有着决定的意义”，要求“各军团政治部，必须立即把这个问题提到最重要的地位”。

二是从中央领导到全军指战员，人人参与，积极开展对党的民族政策的宣传。1935年5月19日，毛泽东在西昌县锅盖梁（今西宁）亲自向先遣队司令员刘伯承交待：先遣队必须严格执行党的民族政策，与彝族首脑结盟修好。先遣队的任务，不是去打仗，而是去宣传党的民族政策，要用政策的感召力与彝族同胞达成友好。只要全军模范地执行纪律和党的民族政策，取得彝族人民的信任和同情，彝族同胞就不仅不会打我们，还会帮助我们通过彝族地区。红军总司令朱德发布了《中国工农红军布告》：

中国工农红军，解放弱小民族；
一切彝汉平民，都是兄弟骨肉。
可恨四川军阀，压迫彝人太毒；
苛捐杂税重重，又复妄加杀戮。
红军万里长征，所向势如破竹；
今已来到川西，尊重彝人风俗。
军纪十分严明，不动一丝一粟；
粮食公平买卖，价钱交付十足。
凡我彝人群众，切莫怀疑畏缩；
赶快团结起来，共把军阀驱逐。
设立彝人政府，彝族管理彝族；
真正平等自由，再不受人欺辱。
希望努力宣传，将此广播西蜀。

这个布告，把中国共产党对彝族群众的政策，用通俗的语言作了具体的解释，很快在当地彝汉族群众中流传开来。

当时，红一军团除了成立群众工作团，专门负责向群众宣传党的民族政策和从事民族工作外，每个红军指战员都是宣传员，走到哪儿就把党的民族政策宣传到哪儿，把民族工作开展到哪儿。整个部队就是得力的宣传大军和民族工作大军。

三是用实际行动宣传党的民族政策。刘伯承、聂荣臻等率领先遣队于1935年5月21日凌晨到达彝区冕宁县城时，不惊扰老百姓，不入民宅，露宿街头。当地彝汉族群众看到红军和以前来了就拉夫抢粮的国民党军队完全不一样，十分感动，于是纷纷出门欢迎红军，并在街上高喊："家家点灯，点灯接红军！"

由于从中央领导到红军全体指战员都高度重视民族工作、宣传党的民族政策，使共产党的政治主张和民族政策更加深入到彝族群众中去，这不仅为彝海结盟奠定了牢实的思想基础，而且对以后广大彝民群众争取民族解放的斗争也产生了极大的影响。

## 二、彝海结盟是消除民族歧视和民族压迫，实行民族平等和团结的光辉典范

马克思主义认为，民族有大有小，有先进和落后，但绝无优劣和贵贱之分，主张民族平等，反对任何形式的民族压迫和民族歧视。中国共产党根据马克思主义的民族观，提出了消除民族歧视和民族压迫，实行民族平等和民族团结的民族政策。彝海结盟集中体现了中国共产党坚持民族平等和民族团结所取得的伟大胜利。

1935年5月22日，刘伯承、聂荣臻等率领红军先遣队进入彝族聚居区不远，就被成群挥动着土枪、长矛、棍棒的彝民堵住了去路。他们用彝语呐喊呼叫着。红军虽然听不懂彝胞喊叫的内容，但从他们的手势和面部激动的表情上看出，如果强行通过，势必引起冲突。这时，后卫又传来一个使局面更加紧张的消息：跟进的工兵连携带的架桥器材和其他用具被彝民抢去，连红军指战员的衣服也被剥去。尽管如此，红军指战员仍然牢记党的民族平等和民族团结政策，没有对彝民采取还击手段，而是循原路退回出发地。先遣队也停止前进。

这时，彝民们一窝蜂地围上来。指战员们利用这个机会，抓紧向彝民做宣传工作，耐心地向彝民讲解民族平等和民族团结政策，讲明红军只是借道北上抗日，决不在彝区停留。

正在局面有些混乱的时候，果基小叶丹的四叔乘骡而至。萧华立即通过通司（翻译）请他前来谈话。小叶丹四叔欣然同意，随即挥退了聚集的人群。

萧华以平等的身份和和蔼的口气向他讲明：红军是替包括彝族人民在内的受压迫的人打天下的，此行并不打扰彝族同胞，只是借路北上。还告诉他，红军刘伯承司令亲率大批人马出征，路过此地，愿与彝民的首领结为兄弟。听着萧华的解释，小叶丹的四叔起初还半信半疑，可是，当他环顾四周，看到红军纪律严明，并不像国民党军那样抢掠烧杀时，便对红军的话深信不疑了，特别是听说刘伯承司令愿与彝民首领结为兄弟，他更加高兴，立刻满口应承。

即将发生的严重冲突被化解了，并顺利达成了结盟的约定。通过以彝海结盟为中心的民族政策的宣传和民族工作的开展，使共产党的政治主张和民族政策在彝族群众中扎了根，化解了民族隔阂和仇恨，彝族同胞与红军结下了生死与共的深厚情谊。红军离开后，许多彝民为纪念红军，把当年出生的孩子取名为“红军子”或“红军姆”（即“红军女”之意）。还有许多人冒着生命危险，把红军留下来的东西保存起来，爱如珍宝。

## 三、彝海结盟是尊重少数民族风俗习惯和宗教信仰的光辉典范

中国共产党认为，宗教的起源、存在和发展有其历史和社会的根源，各少数民族都有自己的宗教信仰或神灵崇拜。尊重各个民族的宗教信仰、风俗习惯和语言文字，就是尊重这个民族，也是坚持民族平等、民族团结和民族和睦应该解决的问题。因此，执行信教自由的宗教政策，尊重各民族的风俗习惯、语言文字，是红军长征中民族政策的重要内容之一。

中共中央率领中央红军长征进入四川后，即提出“绝对遵从少数民族群众的宗教、风俗、习惯”，并将这些习惯向战士说明（如回教不吃猪肉，彝民的男女授受不亲，黑彝之敬重灶君，等等）。刘伯承与彝族果基家支首领小叶丹歃血为盟，结拜为兄弟，就是红军尊重少数民族风俗习惯的典型事例。

当萧华把与彝族果基家支联系并相约结盟的经过报告刘伯承、聂荣臻后，刘伯承立刻骑马来到彝家海子边。同时，果基小叶丹带领当家娃子（即从奴隶中选拔的管家）沙马尔各子也来了。果基小叶丹见了刘伯承，便要摘掉黑帕子行磕头礼。刘伯承急忙上前扶住，不让他行大礼。果基小叶丹问："你是刘司令？"刘伯承答："我是刘司令。"果基小叶丹接着说："我是小叶丹，我们大家讲和不打了。"刘伯承即告诉果基小叶丹说，红军是共产党领导的军队，是为受压迫的人打天下的。共产党实行汉彝平等，汉族同彝族是一家人，自己人不打自己人，要团结起来去打国民党军阀，以后红军回来，大家过好生活。这样，很顺利地达成了协议。于是，刘伯承和果基小叶丹按照彝族多年来形成的杀鸡喝血酒结拜兄弟的传统习俗，在彝家海子边歃血为盟，举行了隆重的结拜仪式。

傍晚，红军先遣部队仍然返回大桥宿营。刘伯承邀请果基小叶丹叔侄一同到大桥。红军把街上所有的酒都买来，又按价付钱收下群众送来的猪羊肉，设宴祝贺结盟。同时还邀请了彝族罗洪家支头人罗洪作一和汉人陈志喜等一同赴宴。刘伯承代表红军将一面书写着"中国夷（彝）民红军沽鸡（果基）支队"的红旗授与果基小叶丹，并即席讲话，劝解彝人内部不要打冤家，汉保彝，彝保汉，团结打刘家（指四川军阀刘湘、刘文辉）。

次日，红军先遣部队在果基小叶丹的向导下，通过俄瓦、彝家海子向北前进。沿途山上山下，到处是欢送红军的彝族同胞。刘伯承在喇嘛房与小叶丹分手，留下参谋丁伯霖作后续部队的联络员。果基小叶丹派娃子（即奴隶）沙马尔各子、沙马巴黑、果基子达、果基特达作向导，把先遣部队一直护送到筲箕湾，再由果基阿最家支送到岔罗，出了彝区，直抵安顺场。

之后，红军的后续部队沿着"彝海结盟"这条友谊之路，胜利地通过了蒋介石认为红军无法通过的彝区，给奇迹般的万里长征增添了光辉而生动的一笔。彝海结盟体现了党的民族政策的胜利，体现了少数民族对红军的爱戴和军民的团结。

## 四、彝海结盟是争取团结少数民族，与之上层人士建立广泛统一战线的光辉典范

重视争取少数民族上层人士，用他们的影响力、号召力，团结大多数人，孤立和打击极少数破坏民族团结、分裂祖国的顽固分子，是党的民族工作的重要内容，也是建立革命统一战线的重要组成部分。

中央红军来到彝区时，彝族人民对汉人的猜忌、成见和敌视很深。那时，要他们能够很快地从本质上理解红军是什么样的军队，理解共产党与国民党的本质区别是很困难的。因此，要顺利地通过这个地区，唯有依靠当地上层中有号召力的人物并与之建立统一战线，才能团结一切可以团结的力量，为红军争得战机，避免不必要的流血和损失。身为奴隶主的小叶丹是彝族果基家族的领袖，出生于公元1894年（清光绪二十年）。自幼性情倔强、豪爽，青少年时代就善交际、讲义气。他熟悉不少典故，能言善辩，还通晓汉语，是当地彝族的政治代表，重大事件的裁决者之一。他不仅在本家族内颇有声望和号召力，就是在冕宁一带也是有影响的头人，被视为“善于辞令的尊者”。

红军通过与小叶丹“歃血为盟”，结成反对国民党反动派的统一战线，发挥小叶丹在彝族群众中的影响力，消除了反动统治者造成的彝汉族间多年来的隔阂和仇视，尤其是彝族民众对红军的误解，并帮助红军顺利通过彝区，对红军长征的胜利发挥了重要作用。事实更加证明了党关于争取团结少数民族上层人士，结成广泛的爱国统一战线政策的极端重要性。

现在，这面旗帜像其他革命文物一样，珍藏在中国人民革命

军事博物馆。它是彝族人民的光荣，红军的光荣，长征的光荣。它凝聚着红军和彝民的深厚情谊，是党的民族政策的伟大胜利的实物见证。

1985年，当彝海结盟50周年的时候，经上级批准，凉山彝族自治州人民政府在自治州首府西昌市中心建立了彝海结盟纪念碑。

彝海结盟这一党的民族工作的光辉典范，激励着中国各族人民，在中国共产党领导下更加紧密地团结起来，为中华民族伟大复兴的事业谱写出光辉灿烂的新篇章。

（摘自《军事历史》2008年第4期，作者系成都军区政治部编研室干事）

# 彝海结盟时的凉山彝族社会 /陈国光

清初的滇黔一带彝区，在云贵总督鄂尔泰的严厉推行下完成了“改土归流”。凉山地区虽也曾在清初部分改流，但不久就发生了反复，改流之地又重授土职，甚至还加封了一些土司。这些土司中以沙玛宣抚司、邛部宣抚司、阿都长官司、雷波千万贯土千总为大，号称凉山四大土司。清朝后期在凉山设宁远府，改卫所为州、县，设西昌、冕宁、盐源、昭觉四县和会理州、盐边厅、越西厅。凉山东侧设屏山县和雷波、马边、峨边三厅。各个土司、土官分由州、县管辖。在凉山彝族社会内部，由于个体家庭土地所有制的发展，黑彝与土司之间的矛盾日益尖锐起来，黑彝通过家支联合成强大的反土司势力联盟，不断削弱和蚕食土司权势。到清朝中期，黑彝基本上摆脱和取代了土司的统治，成为凉山彝区的新兴统治者。

清末及民国时期，在没有形成统一地方政权组织的凉山彝族地区，由大大小小互不统辖的若干诺伙（黑彝）家支分片统治着凉山各地。各家支割据一方，处于相对独立的状态。家支为汉语的习惯称谓，彝语叫“此威”，意为“同祖兄弟”。每个家支都有以共同的男性祖先开始而世代相传的父子联名谱系。各等级中，诺伙（黑彝）都有家支，并居于统治地位，都拥有自己家支的“德古”

和"苏易"，即头人或首领。首领身份既不靠世袭，也不是任命，全靠个人的修养、品行，在社会实践中凭借个人为人处世的能力和人格魅力自然产生。黑彝家支，作为统治工具，在土司制度衰落、中央王朝的地方政权名存实亡、政令不通的情况下，在一定程度上起到履行政权的作用。有"老虎靠牙齿、老鹰靠爪子、彝人靠家支"的谚语传承。

诺伙（黑彝）家支作为一种政治力量，在维护自己的神圣地位，保护自己的财产所有权不受侵犯，捍卫本家支的利益，协调与处理和外家支的关系上，起着重要的作用。每个诺伙（黑彝）家支都统辖着一些主要的曲伙（白彝）家支，构成其经济生产和军事武装的重要力量。为了生存和发展，双方有着共同的利益基础，形成了特定的不同等级的区域利益集团，为了共同的利益，双方必须精诚团结，荣辱与共。诺伙和曲伙又分别占有地位更低的"阿加"和"呷西"，为他们负担一定的社会生产和家务劳动。黑彝和白彝之间的等级界限不可逾越，不能互相缔结婚姻，但有表述亲情关系的亲属称谓，亲情友情在相互依存的情况下得以认可和延续。过去由于家支林立，必然加深了外地、外族人进入凉山地区的困难。外地、外族人每到一个诺伙（黑彝）家支统治区，都得向当地家支头人投保，否则就有被抢掠为呷西（奴隶）的危险。当时的彝区不仅地势险峻，环境恶劣，而且社会情况极为复杂。彝族内部家支林立，各家支都拥有自己的武装力量，家支之间因田地、婚姻和人事纷争而械斗不息，但对外民族的"入侵"却能保持一致对外，且擅长山林作战。因此历代封建统治者以及地方军阀对彝区用兵、进剿，往往无功而返，视彝区为畏途。

辛亥革命以来，凉山彝区普遍种植罂粟。"宁属各县以气候、土质特别有利鸦片生长，所产鸦片质量优于全川，市场上称为'建土'，意即建昌（西昌古称）出产的烟土"。由于地方政府鞭长莫及，无法禁止彝区种植罂粟，当汉区禁种鸦片时，吸食者对鸦片的需求一如既往。川滇地方军阀为了获取巨额利润，用大量的枪支和白银到彝区换取鸦片，各种精良武器也就源源不断地进入凉山彝区，彝族各家支的武器装备得到了空前的提升，冤家械斗的杀伤力也就随之加大。红军长征时期，整个凉山彝区在国民党及川康大小军阀的统治下，仍然沿袭着历代统治者所执行的大汉族主义政策，挑拨离间各民族之间的关系。同时在各地派驻重兵，设立"彝务指挥部""屯垦委员会""靖边司令部"，动辄付诸武力，不停地加以征讨杀戮，国民党二十四军和"靖边司令部"是最主要的武装力量，尤以"靖边司令部"司令邓秀廷最为凶残。邓秀廷曾经扬言"要得蛮（诬称彝族）绝种，除非蛮杀蛮"，采取"以彝制彝、吃彝玩彝"的手段，利用彝族内部家支林立的情况，制造事端，唆使各家支冤家械斗，从中渔利；采取严酷的"坐值换班"制度，把各家支头人的至亲作为人质扣押在县衙，只要谁的管辖区域出现问题，就拿人质是问。邓秀廷时常以各种理由派兵讨伐冕宁、喜德、西昌、昭觉、德昌、会理等彝区，当地彝族有民谣说"自从种植了洋芋，每天都能吃饱肚，自从出了邓大人，每晚都睡不安稳"，从此可以知晓邓秀廷对彝族人民的伤害有多大。当地彝族和汉族之间，国民党和彝族各家支之间都有很深的隔阂和矛盾。

彝海结盟时的凉山冕宁县拖乌彝区，方圆几百公里的区域内，分别由果基（沽鸡）、罗洪、倮伍三大黑彝家支分片管辖，当地主要从事农业生产同时兼营畜牧业。果基小叶丹是果基家支的头人，这里的三大黑彝家支互为姻亲，各自的统治区域和势力范围泾渭分明，都有平时为民、战时为兵的武装力量。他们之间既有共同的生活理念，也有利益冲突。当年红军通过拖乌彝族聚居区的路线大致是从大桥经额鸡、俄瓦、圆包包到俄瓦垭口——这一带是彝汉杂居区，再从俄瓦垭口经一碗水、海子边、北沙村、喇嘛房、青杠坪、雀儿窝、拖乌、小沟、足补子、鲁坝、横木岗、菩萨岗、铁寨寨、筲箕湾、李子坪、圆根地、花椒坪、窑河坝、小铺子、擦罗、南瓜店、洗马沽、观音铺、紫打地过大渡河。这一路都是果基家的管辖区域，以菩萨岗为界，南面属于今天的冕宁县，北面属于今天的石棉县。由于红军正确地宣传了党的民族理论，四处张贴"中国工农红军，解放弱小民族；一切夷汉平民，都是兄弟骨肉。可恨四川军阀，压迫夷人太毒；苛捐杂税重重，又复妄加杀戮。红军万里长征，所向势如破竹；今已来到川西，尊重夷人风俗。军纪十分严明，不动一丝一粟；粮食公平买卖，价钱交付十足。凡我夷人群众，切莫怀疑畏缩；赶快团结起来，共把军阀驱逐。设立夷人政府，夷族管理夷族；真正平等自由，再不受人欺辱。希望努力宣传，将此广播西蜀（'夷'现均为'彝'）"的《中国工农红军布告》。红军的宣传和所作所为都与国民党完全不同，让彝族人民看到了新的希望。1935年5月22日，刘伯承和果基小叶丹在海子边歃血为盟，举行了举世闻名的"彝海结盟"，取得了中国共产党实践民族平等团结政策的伟大胜利。中央红军在果基小叶丹等的护送下，自彝海（海子边）由南向北沿着上述地方，没有遇到任何抵抗就顺利通过了彝族地区，赢得了飞夺泸定桥的宝贵时间，彻底粉碎了国民党蒋介石妄图让红军变成第二个石达开的梦想。

（作者系中央民族大学教授）

# 石达开的历史悲剧与红军的历史性胜利 /王廷科

大渡河边的安顺场原名紫打地，是当年太平天国翼王石达开失败的地方，蒋介石和四川军阀幻想红军在此重演历史悲剧。

安顺场

当红军向大渡河急进时，蒋介石电令四川军阀杨森为大渡河守备指挥，即“以清代活捉石达开之川督骆秉章相勖勉”。又电示大渡河南北各军，叫嚷什么红军入此彝汉杂处，一线中通，江河隔绝，给养困难的绝地，必步石达开覆辙云云。四川军阀刘文辉在拍发的紧急通报中，也说红军已面临石达开第二的危境：消灭共军，在此一举。这时，国民党开动宣传机器，鼓噪一时，断言朱毛“直步石达开之后尘”，红军“前临大渡河后有追兵，‘西窜’又不可能，势将被歼灭于大渡河附近云”。为了实现他们消灭红军于石达开覆灭之地的狂妄计划，蒋介石的行营参谋团由于“军事重心，已移川西”，急急忙忙由重庆“迁驻成都”。蒋介石也于5月26日午后，由重庆飞赴成都，“坐镇指挥”。

国民党为什么如此手忙脚乱而又兴高采烈呢？因为红军的处境和当年石达开的处境极为类似，他们以为摆在红军面前的是石达开同样的命运。

1863年（清同治二年）4月15日，石达开率部由云南巧家渡金沙江入川，沿会理侧北上德昌，经过拖琅、沙坝而入冕宁。有乡民赖由诚献计于石达开说，大路清军必有备，可由大桥走山中小道至大渡河。为了避实击虚，石达开采纳了这一建议。5月14日，石达开率领太平军三四万人由冕宁经大桥走小路直抵大渡河南岸的紫打地。石达开进军大渡河时，沿途向彝族各家土司管带发送文告，申明大义，要他们"切勿听信谣言，滋生事端"。并以重金送松林地番族土司王应元、邛部彝族土司岭承恩。太平军所到的紫打地，地势险要，两旁山壁林立，前阻大渡河，左阻松林河，隘口险窄，无回旋余地，兵力不易展开。石达开单纯相信两位土司接受其礼物，可以让道，既不加强对他们的争取，又没有也不可能处理好民族关系，而贸然率领太平军直抵紫打地。不料，王应元和岭承恩已为清廷所利用。

四川总督骆秉章得悉石达开兵临大渡河时，立即调兵遣将，凭据"西南天堑"，拦截围攻，并重赏松林地土司王应元、邛部土司岭承恩，许以攻破太平军后，一切辎重财物，听其所有。于是王应元背弃让路诺言，率领土司兵斩断松林河铁索桥，阻止太平军渡松林河，上走泸定桥，并命令各村寨坚壁清野，以困太平军。此时，又逢连日大雨滂沱，河水陡涨，北渡大渡河已无可能。邛部土司岭承恩又率兵用巨石古木堵塞山路，断了太平军后路，向大渡河下游一带退却也无可能。从而使清军赢得了时间，赶赴大渡河两岸，凭险阻击，四面围困。在这进退维谷之际，石达开怒斩彝族向导200余人，造成民族关系上的又一失策。以后，太平军数次强渡大渡河、松林河，皆因水势汹涌，敌军轰击，伤亡惨重而失败。"至是战守俱穷，进退失据，粮尽食及草根，草尽食及战马，兼之疟痢流行，死亡枕藉”。于是清军乘势进攻，王应元部过松林河，岭承恩部下马鞍山，两路夹击紫打地。6月9日，太平军军营尽被焚毁，死亡千人，坠岩落水而死者万余人。石达开率余部七八千人至老鸦漩，又为彝兵所阻，辎重尽失，进退无路，终于受骗被擒，遇难于成都。石达开兵败大渡河，有人说：“是役也，达开不自入绝地，则不得灭，即入绝地，而无夷兵四面扼剿亦不得灭。”其实，原因在于农民起义领袖的阶级局限性和历史局限性，石达开无法妥善解决这个棘手的、然而又是至关重要的民族问题。

1935年5月26日，毛泽东在行军途中来到安顺场南面五六里地的一座大山脚下，在几棵古树旁边向同志们讲述了石达开在此四面受围，全军覆灭的历史故事。他说，因石达开疑心太重，把关系弄糟了，最后招致了惨重的失败。今天，我们工农红军也来到了石达开失败的地方。蒋介石和四川军阀抱着很大的幻想，企图把红军消灭于石达开失败的地方。但是，“敌人的好梦是作不成的。石达开没有走通的路，我们一定能走通。我们共产党人是顶天立地的英雄，大渡河算不得什么困难”！

红军和太平军几乎是在相同的时节，沿着相同的路线，到达相同的地点。虽然处境相同，但结局各异——石达开兵败大渡河，铸成了历史的悲剧，遗恨千古；红军飞越“西南天堑”，夺得了历史性的伟大胜利，而传颂百世！石达开就擒身死，清廷文武弹冠相庆；红军远走高飞，蒋家王朝无可奈何！这个历史性的胜利，揭示了一个伟大的真理：只有马克思主义武装起来的中国共产党，才能正确地解决我国的民族问题，消除民族间的对立和隔阂，实现中华民族的大团结。

（摘自王廷科：《红军长征研究》，四川省社会科学院出版社1986年版）

# 刘伯承与小叶丹的故事 /李镜

月光下的大凉山静谧、神秘。

细碎的马蹄声和杂沓的脚步声在崎岖的山道上留下一串急迫的音符，不时惊飞丛林里的栖鸟。一支行色匆匆的队伍渐渐远离了冕宁县城，向彝民聚居的大山深处急进。

这是由红一军团第一师第一团和工兵连组成的中央红军先遣队。在这支队伍的中间，一前一后走着两匹马。坐骑的主人是两个四川人：红军总参谋长兼先遣队司令员刘伯承和兼任先遣队政委的红一军团政委聂荣臻。他们的任务是率先通过彝民区，渡过大渡河，为中央红军主力进入川西北与红四方面军会合、建立新的根据地当开路先锋。

刘伯承与小叶丹歃血结盟处结盟石（中共四川省委党史研究室供图）

马背上的刘伯承连着做了几个深呼吸，贪婪地嗅着夜里显得浓重了的草香和花香，隐隐地体味到了一种久违了的乡情。过了金沙江，一草一木都会在不知不觉中勾起他的这种情怀——当然，这样的时候并不太多，战斗间隙中品味乡情是一种奢侈。

他的思绪很快便回到当前的任务中来了。

走冕宁北进，是他的建议。

20日拂晓，刘伯承率先遣队到达冕宁泸沽镇后，即接见了冕宁地下党派来的李祥云、李发明、向德伦等人。经了解，由泸沽到大渡河有两条路可走：一条经登相营、越西到大树堡，对岸就是富林，这是通往雅安的大道；另一条经冕宁、大桥镇、拖乌到安顺场，是崎岖难行的小路，尤其是要通过一向被汉人视为畏途的彝族聚居区。刘伯承认为，敌人已判定红军将走西昌至富林的大道，把富林作为防守重点，杨森的二十军和刘文辉的二十四军都有重兵在富林把守。因此刘伯承建议军委改变行军路线，主力走冕宁至安顺场小路。21日凌晨，先遣队进入冕宁县城，当电台与军委联系上以后，立即以刘伯承、聂荣臻名义将《侦察报告》上报军委。军委研究后，完全同意他们的建议，决定中央红军由泸沽地区兵分两路北进。主力为左路，经冕宁、安顺场北上强渡大渡河。以红二师五团为右路，由军团参谋长左权、师政委刘亚楼率领，仍沿西昌至雅安大道前进，经越西县向大树堡前进，以迷惑和钳制大树堡对面富林之敌。

进冕宁县城比刘伯承预料中的要轻松得多。他没有想到这座因民族、部落械斗、残杀而出名的小城竟是座不设防的空城。

蒋介石和他的将军们又犯了一个错误。

他们大概不会想到红军敢于走冕宁这条连他们都感到头疼的路线，所以只以两个连的地方武装驻守。听说红军将至，县长钟伯琴急忙纠合住在县城的川康边防军团长李德吾和处长邱维刚，率领亲信卫队和地方武装，裹胁着关押在监狱里的彝族人质——沽（果）基、罗洪、倮伍三支的头人22人，弃城北逃，企图窜往雅安寻求刘文辉的保护。但他们刚到冕宁以北的冶勒，就被三支彝族武装包围缴械，人质被救，李团长、邱处长被杀，县长钟伯琴在混乱中携家眷向北面逃走了。

刘伯承、聂荣臻在冕宁县城受到了当地人民群众最热情的欢迎——看来，这座大凉山河谷里的小城对国民党政府发布的反共号令怀着一种漠然的敌对态度，这当然与冕宁地下党的工作不无关系。鞭炮声中，有人敲着锣边走边喊："家家点红灯，点灯迎红军！"在这个偏僻的小城里，不知从哪儿一下子冒出了许多红旗，街道上到处都是"欢迎为民族谋利益的红军""拥护共产党""红军万岁"的标语，老百姓抬来了一桶桶糖果、饭菜，端上来一杯杯热茶……整个县城沸腾了。

在老百姓的欢呼声中，红军战士将以朱德总司令名义发布的《布告》贴在了县政府外的大墙上：

中国工农红军，解放弱小民族；
一切彝汉平民，都是兄弟骨肉。
可恨四川军阀，压迫彝人太毒；
苛捐杂税重重，又复妄加杀戮。
红军万里长征，所向势如破竹；
今已来到川西，尊重彝人风俗。
军纪十分严明，不动一丝一粟；
粮食公平购买，价钱交付十足。
凡我彝人群众，切莫怀疑畏缩；
赶快团结起来，共把军阀驱逐。
设立彝人政府，彝族管理彝族；
真正平等自由，再不受人欺辱。
希望努力宣传，将此广播西蜀。

天主教堂里，聂荣臻正在接见神职人员。他的面前，坐着五个法国修女，他用流利的法语回答着她们的问题。

"将军，请问，如果你们占领了一个地方，还允许外国人传教吗？"一个看上去年龄大些的修女怯怯地问。

"我党我军保护一切正当的宗教活动。"聂荣臻笑笑说。

"将军，您的法语说得很好。"另一个修女有些惊奇地说。

聂荣臻谦虚地摇摇头，笑着说："我在你们的国家做过工。"

"哦……"修女们惊奇地叫了起来，打量着这个穿着一身粗布军衣的红军将领。

"真不敢相信。"一个蓝眼睛的年轻修女问，"可以告诉我们你在哪个工厂工作吗？"

聂荣臻转着眼睛想了想，说："我进过许多工厂，第一个好像是离巴黎不远的蒙塔尔纪的橡胶厂，后来又到了克鲁邹钢铁厂……”

修女们互相看着，交换着好奇的目光，屋里的气氛立刻轻松了……

当冕宁县城沉浸在一片欢腾中的时候，由军团组织部长萧华带领的一个打前站的精干的工作组正走在林木葱茏的大山里。

19岁的萧华17岁时就当了闻名于中央苏区的少共国际师政委，湘江战斗后不久，在整编中取消了少共国际师建制，萧华被分配到红一军团担任组织部长。这位兴国城里泥水匠的儿子从14岁起，就开始了他的红军生涯。艰苦的斗争环境使天性聪慧的萧华很快成长为一名精干的红军指挥员。

萧华从通司口中了解到，在17万人口的冕宁县，彝族占了三分之一。汉族住在地势低洼适于耕种的谷地里，彝民全在贫瘠的山顶上——这是千百年来汉族统治者用残暴的手段对彝族人民进行镇压和抢掠最终形成的格局。彝族人民用最原始的生产工具从事着最简单不过的劳动，放羊，点种玉米、谷子，世世代代，他们收获着贫穷，也收获着仇恨。偶尔与彝民相遇，你可以从他们惊恐的眼睛里读到也许是从他们祖辈那里延续下来的仇恨。

在他们不熟悉你之前，对于汉人的这种仇恨几乎没有选择。如果你一旦取得他们的信任，他们可以以死相报。

进入彝民区的红军正处于这种不利的形势下。因此，蒋介石、刘文辉无须为此条路担忧。

越往前走，山越大，路越险。天空时阴时晴，时雨时雾，地面上淤积的腐烂的杂草树叶散发出阵阵恶臭，使人有一种瘴疠弥漫的感觉。引路的通司说，这里就是三国蜀相诸葛亮七擒孟获的地方，通司还指着远处被千年岁月剥蚀的一片村落对红军说，那是“孔明寨”，当年是蜀军的兵营。

再往前走，就是彝民区。

忽然，前面的山头上，出现了一二百个彝民，他们一边挥舞着土枪、长矛、棍棒，一边不停地发出

“呜呼！呜呼！”的呐喊，但并不靠近。越往前走，彝民越多，一会儿出现在山上，一会儿出现在山下。为防突然袭击，萧华命令缩短距离行军。

进到彝民区境内30多里路的谷麻子附近时，前面聚集的人群拦住了去路，不让红军再前进了。彝民们挥动着手中的武器，继续不停地喧嚷着。语言不通，听不懂他们在说什么，但从他们的手势和冲动的表情上，却能够看出，若要强行通过，势必会引起一场冲突。萧华让通司上去答话，一个小头目说：“娃娃们要点钱让你们通过。”萧华问：“要多少？”对方回答：“200块。”红军来时早有准备，萧华让管理员拿200元给他们，彝民们抢过银元，一下子散了。他们往前走了没有几步，又来了一群彝民拦路要钱，并说刚才给的是罗洪家支的，他们是沽（果）基家支的，红军又给了200元。正在交涉之际，后卫又传来了一个使局面更加复杂的消息：跟在队伍后面的工兵连，刚掉到主力后面的一百多米远，就被彝民们把他们携带的架桥器材和其他装备夺光了并把他们扒光了衣服，从原路逼了回去。

彝民越聚越多，路旁的树林里开始放起了冷枪，情况陡然危险起来。萧华的警卫员吴宗汉急忙掏出枪，打开枪机，周围的战士也都剑拔弩张，形势一触即发。萧华向战士们挥一下手，神情严肃地说：“没有命令谁也不许开枪！一定要遵守民族纪律！”然后，诚恳地对周围的彝民们说：“老乡们，不要误会，我们是中国工农红军，不是国民党军阀的部队，我们不会危害你们，只是路过此地，去打国民党反动派……”尽管通司把萧华的话翻了过去，但彝民们仍然挥舞着棍棒、大刀，大声嚷着：“不许走！不许走！”

正在混乱得不可开交的时候，只见前面的山谷入口处扬起了一股烟尘，几匹骡马直奔而来。为首的一匹黑骡子上，是一个高大的彝人，年龄约在50岁，头上缠着黑裹头布，身披黑斗篷。通司认出，他就是当地头人小叶丹的四叔。

来了头领，喧闹的人群稍稍安静了一些。几个彝民跑到头领跟前，指着红军说着什么。然后小叶丹的四叔又对通司说了些什么。通司告诉萧华："他们看上你们的那口大铜锅了。"萧华听后，笑一笑，不慌不忙地走到那个头领面前，指着那口铜锅风趣地对他说："老乡，这是我们做饭的家伙，要是给了你，我们到哪里做饭呀！就是借你们老百姓家里的锅，也做不了这么多饭啊，那我们还不饿肚皮呀！"小叶丹四叔听完通司的翻译就笑了，周围的彝民脸色也温和多了，气氛立刻轻松了。萧华趁机对管理员说："老百姓日子很苦，给他们一些钱吧。"趁着彝民们兴高采烈去找管理员领钱的时候，萧华和小叶丹的四叔拉起了家常。

原来，这里的彝族分成三个部落。他们是沽（果）基家，首领就是小叶丹，这些日子正在和另一个部落罗洪家打冤家。

"借路可以，你们得帮我们先打罗洪家。"小叶丹的四叔通过通司对萧华说。

萧华笑着摇摇头，和蔼地劝说道："所有的彝民都应该是兄弟，兄弟之间有话好商量，你打我，我打你，谁高兴呢？"

"他们前天还杀死了我们三个人，抢走了我们四匹骡子。"头领阴沉着脸说。

"如果你们反过来再打他们，你想想，什么时候是个头呢？"萧华进一步劝导说，见头领低头不语，他继续说道，"你们应该团结起来，不要打冤家，共同对付压迫你们的国民党军阀。"

头领抬起头来，看看萧华，嘴唇嚅动了一下，没有说话。

萧华趁热打铁，说："我们红军是所有受压迫人民的队伍，国民党反动派是我们共同的敌人，我们此行无意打扰彝族同胞，只是借路北上。为了表示诚意，我们刘司令愿意和你们首领结为兄弟。"

彝民重义气，听说红军的司令要和他们的头人结为兄弟，小叶丹的四叔脸色马上柔和了许多。因为他们正在和罗洪家打冤家，能与红军的司令结为兄弟，对罗洪家无疑是个压力。

萧华见已经没有多大问题了，便招呼人把事先准备好的一支手枪和几条步枪拿过来，交给小叶丹的四叔说：“这是刘司令让我们带给你们首领的一点礼物，请勿见怪。”

见了枪，小叶丹四叔的脸一下子张开了。他指了指自己的黑骡子，对萧华说：“穷山僻壤，也没有什么好东西答谢，这匹骡子脚力还好，请代送刘司令。”

谈判顺利成功了。

彝海——大凉山腹地的一个淡水湖。

晴空如洗，碧水湛蓝。

历史注定要在这里写下一笔。

红军总参谋长和一个还处于奴隶制社会的彝族头人，神情庄严地站在这个不知名的海子边。

他们将按照彝族的习俗，举行非同寻常的结盟仪式。

他们的面前，放着两个盛满了清水的大碗。

彝民兄弟抱来了一只大公鸡，一个毕摩（彝族巫师）念了咒语，用刀将公鸡顺着脖子向下破开，把鸡血滴到了两只水碗里，清水立刻变成了殷红色。

刘伯承和小叶丹面对着碧蓝的海子，并排跪了下去。

刘伯承高高地举起了大碗，大声地发出了誓言：“上有天，下有地，刘伯承愿与小叶丹在海子边结义为兄弟，如有反复，天诛地灭！”当他念完最后一句后，将“鸡血酒”一饮而尽。

小叶丹也端起了“血酒”，对天立誓：“我小叶丹今日与刘司令结为兄弟，如有三心二意，同此鸡一样死！”说罢，也将“盟酒”一口喝完。

蓝天是鉴，绿水是鉴，留下了这个感人的时刻，留下了这个感人的场面……

这时，太阳已经落山。彝族区有100多里路，至少得一整天才能过完，刘伯承和聂荣臻商量，虽然与沽（果）基家达成了借路协议，但还有别的部落，糊里糊涂往里闯，太危险。于是决定返回30里，到大桥镇宿营。小叶丹见红军纪律严明，深受感动，陪同刘伯承到了大桥镇。为了庆祝彝海结盟，红军把大桥镇的酒全买了来，宴请小叶丹一行，并请来了大桥镇的知名人士作陪。

席间，小叶丹对刘伯承说："明天，我派沽（果）基家的娃子到山边接应你们过境。罗洪家抢了你们的东西，还抓了你们的人，如果明天他们再来，你们打正面，我们从山上打过去，打到村子里，把全村都给他烧光。"

刘伯承笑着摇头，说："彝族是一家，不要打冤家，要和好。汉彝也是一家，也要和好，不要隔阂，要共同对付军阀刘文辉。"

小叶丹眨着眼睛想了想，说："和官家打仗，没个旗号不行，刘司令，你封我们个红军旗号吧！"

刘伯承想了想，说："可以。"

第二天一大早，刘伯承率领先遣队向彝族区开进的时候，代表红军把一面写有"中国夷民红军沽（果）基支队"的红旗授予了小叶丹。

红军在苦难的大凉山腹地播下了火种……

在小叶丹的护送下，红军先遣队一日急行一百里，天擦黑的时候，终于走出了彝民区，到达了汉人聚居的岔罗镇。

（摘自李镜：《新写长征图文档案》，中国社会科学出版社2002年版）

# 刘伯承与小叶丹

/凉山州史办公室整理 《凉山日报》记者丁杰

1935年5月，刘伯承率红军长征先遣部队通过凉山彝区时，与彝族首领小叶丹，在冕宁县的彝海之滨歃血结盟，为红军顺利进发、强渡大渡河、飞夺泸定桥赢得了宝贵时间，给奇迹般的万里长征增添了光彩的一笔。

刘伯承与小叶丹结盟处标识（中共四川省委党史研究室供图）

## 黑彝家支武装围歼李德吾团队

红军进入冕宁时，县城已是空城。此前，国民党在冕宁驻军也较单薄。红军巧渡金沙江后，邓秀廷部（二十四军二十旅）奉川康边防军司令刘元璋之命调去宁南一带堵截红军，邓留所部团长李德吾驻守大桥。李团士兵仅有300余人，系刚从河道七场新招的团队。

5月19日凌晨，听说红军将到，李部从县城监狱中将“坐质换班”（反动统治阶级为了长期压迫彝族，将彝族各家支头人关押起来，如果谁家不听从指挥，就杀死谁家被关押的头人，每一家要换出一人就得派一人再度关押，以此达到治理彝族的目的）的彝族头人带走，向北逃窜。清晨，果基、罗洪、倮伍几个家支黑彝带人赶到大桥向李要求释放人质，李不答应。待李部进入北基沟丛林地带后，各彝支武装沿途阻截，20日在冶勒南垭河峡谷地带的三岔河，全歼李部，救出全部"坐质换班"头人。

各黑彝家支在消灭李德吾团时得步枪数百支、子弹及财物若干，声势大振。21日返回苏州坝准备进驻大桥时，恰遇红军先遣团到来，遂退到峨瓦山的丛林道旁，寻找得到枪支的机会。

## 击退围攻武装歃血为盟

安宁河左源拖乌河和大渡河支流南垭河，向为金戈铁马通道，商旅不绝，"拉库"彝族奴隶起义失败后，奴隶主肆虐，不少藏汉村落被毁，道路阻塞。邓秀廷势力在宁属兴起后，一些黑彝支头靠拢。后经过邓部1929年用兵及1934年驻兵岔罗、大桥，各黑彝支头大致服从。但商旅通行仍要请熟悉彝务的保头担保方可过境。

红军先遣团进入冕宁稍加休整和宣传群众后，便向北进发，当日进驻大桥。5月22日清晨，先遣团从大桥出发，经额基、峨瓦村，爬上峨瓦元宝山。翻过峨瓦山垭，藏于大路两边山林中的彝族武装，等大部队过完后，便发出"呜呼——呜呼"的吼声，枪声随之响起，后卫负重的工兵连被包围，衣物、枪支、设备被抢，工兵战士被放回。

其间，任随沿途树林中打枪，红军头不抬，眼不眨，只是前进，在当地人中留下"红军先锋队是枪子不进"的传说。向导请示是否还击，红军战士说："上级没有命令不能开枪。"

先遣团前卫部队进至喇嘛房，四面山上吼声不断，枪声更密集，号兵吹军号，队伍停止前进。聂政委带人喊话，宣传红军的主张和政策。

但是由于彝族长期受反动统治阶级的歧视压迫，长期受国民党军阀的镇压，长期受地方武装的欺凌，看不到事实和结果，一时是难以接受和相信喊话的。中央和军委十分重视这次通过彝族区的军事行动。早在会理出发时，毛泽东就反复嘱咐先遣队的任务不是打仗，而是宣传党的民族政策，用政策的感召力与彝民达成友好。

家住羊坪子的果基小叶丹，聪明伶俐，通晓汉语，能言善辩，成为果基家支的首领人物。按照惯例，触犯官兵的"天威"会被烧杀一空的，果基小叶丹感到其他人惹事一走了之，自己处于出事地点罪责难逃。在恐惧之际听懂了红军的喊话，但不知所言真假，即派精通汉语，善于辞令的沙马尔各去红军那里探听情况，以备应付。

沙马尔各到喇嘛房江家店子与红军谈话比较融洽，回去汇报所见红军确实不同于国民党军的情况后，果基小叶丹带15人下山，到江家店子，对红军说："我是果基家的小叶丹，要见你们的司令员，我们大家讲和不打。"果基小叶丹顺着山边来到彝海边，见到了刘伯承司令员。刘司令员向小叶丹重申红军北上宗旨，讲解"汉彝是一家人，彝族各家支是一家人，一家人不能打一家人"的道理。小叶丹向刘司令员说按彝族习惯要吃血酒，保证办的事稳当。刘司令员马上同意。沙马尔各拿来鸡，没有酒，司令员吩咐警卫员取下腰间的瓷盅，从彝海中舀清水代替。

沙马尔各边念咒语，边用刀背打鸡头，然后将鸡嘴破开，滴血盅内，清水呈鲜红。刘伯承端起"酒"盅发誓："上有天，下有地，我刘伯承与果基小叶丹今天在海子边结为兄弟，如有反复，天诛地灭。"说罢就将"血酒"一饮而尽。果基小叶丹随之端起"血酒"激动地说："我果基小叶丹今天与刘司令结为兄弟，如有三心二意，如同这鸡一样地死。"说罢也将"血酒"一饮而尽。刘伯承将一支左轮手枪和几支步枪送给小叶丹，小叶丹送了一匹黑骡子给刘伯承。

这时已是下午5点钟，因当天已走不出百里彝区，先遣部队决定返回大桥。果基小叶丹带十多人随红军到大桥，以表诚意。红军在大桥镇宴请小叶丹一行，双方关系进一步融洽，小叶丹对红军的了解进一步加深，红军把一面写有"中国夷民红军沽鸡（果基）支队"的红旗送给果基小叶丹。这面红旗小叶丹一直精心保藏，后来小叶丹被地方军阀邓秀廷杀害后，也未搜得红旗，其妻继续将这面红旗保存到解放献给人民政府。

23日清晨，先遣队再次从大桥出发，进入彝民区。刘伯承和聂荣臻率队离别时，小叶丹依依不舍。刘伯承说，后面红军大部队还很多，拜托你一定把全部红军安全送过彝区。小叶丹派了四个人送红军到拖乌，其中的子子格还送红军到岔罗。

小叶丹忠实地执行了刘伯承的嘱托，将彝民组织起来，护送红军后续部队过境。他昼夜奔忙，往返于大桥镇和筲箕湾，经过七天七夜，红军大队一路畅行无阻，安全通过彝民区。由此红军正确执行党的民族政策，开辟了一条彝海结盟之路，大队人马顺利通过被誉为"畏途"的百里彝区。

（摘自《凉山日报》2011年7月3日）

# 刘伯承元帅

中国人民解放军创建人和领导人，军事家。原名刘明昭。1892年12月4日生于四川省开县赵家场。1911年在万县参加响应辛亥革命的学生军。1912年考入重庆军政府将校学堂。翌年参加四川讨袁（世凯）军。1914年加入孙中山领导的中华革命党。在护国战争、护法战争中，历任连长、旅参谋长、团长。1916年3月率四川护国军第四支队攻占丰都县城时右眼中弹致残。1923年在讨伐吴佩孚的战争中任东路讨贼军第一路前敌指挥官，取得了驰援龙泉驿等战斗的胜利，曾被誉为川中名将。

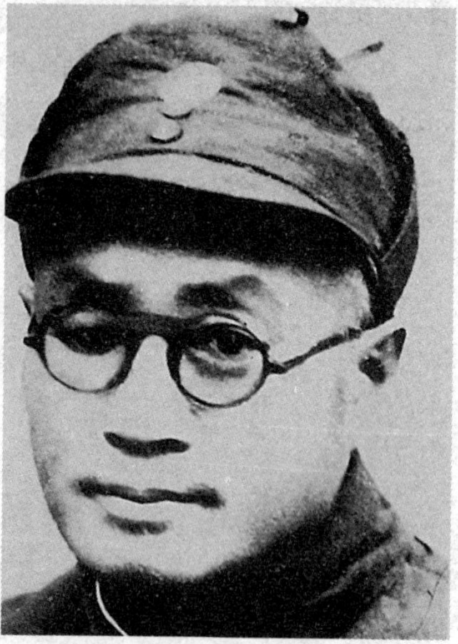

刘伯承元帅

1926年5月加入中国共产党，同年12月任中共重庆地方委员会军事委员会委员，与杨阇公、朱德等发动泸州、顺庆（今南充）起义，任起义军四川各路总指挥（后为国民革命军暂编第15军军长），率起义部队与四川军阀作战，策应北伐战争。1927年起义部队失败后，徒步出川，绕道陕西到武汉，接受中共中央指示转往南昌，与周恩来、贺龙、叶挺、朱德等领导南昌起义，任中共前敌委员会参谋团参谋长。1928年留学苏联。同年夏参加在莫斯科举行的中共第六次全国代表大会，作军事问题补充报告。1930年夏毕业于伏龙芝军事学院。回国后任中共中央军事委员会委员、长江局军委书记。12月回到上海，协助周恩来处理中央军委日常工作。1932年1月进入中央苏区，任中国工农红军学校校长兼政治委员。10月任中央革命军事委员会总参谋长，协助朱德、周恩来指挥第四次反"围剿"作战。在第五次反"围剿"中，因反对共产国际派来的军事顾问李德在作战指挥上的教条主义错误，被撤销总参谋长职务，调任第五军团参谋长。长征初期参与指挥五军团殿后，掩护中央机关通过国民党军四道封锁线。1934年底复任总参谋长并兼中央纵队司令员，指挥先遣部队强渡乌江，智取遵义。1935年1月参加在遵义召开的中共中央政治局扩大会议，支持毛泽东的主张。会后，协助毛泽东、周恩来、朱德等指挥中央红军四渡赤水河，指挥干部团一部抢占皎平渡，保证全军顺利北渡金沙江。5月，任先遣队司令，与政治委员聂荣臻率部为全军开路。进入大凉山时，坚定地执行中国共产党的民族政策，与彝族部落首领小叶丹"歃血为盟"，使全军顺利通过彝族聚居区。尔后率第一师在安顺场强渡大渡河。第一、四方面军会合后，坚定地执行中共中央关于北上抗日的战略方针，同张国焘分裂活动进行斗争。

抗日战争爆发后，任八路军第129师师长，在山西前线组织所部进行夜袭阳明堡、设伏七亘村等战斗。1938年后，与政治委员邓小平、副师长徐向前等组织指挥长生口、神头岭、响堂铺等战斗，给日军以沉重打击，之后又取得晋东南反"九路围攻"和冀南反十一路"扫荡"的胜利，创建了晋冀豫抗日根据地。1940年组织部队参加百团大战，破击正太、平汉、白晋、同蒲等铁路交通线。在日伪军加紧实施“囚笼政策”、分割和封锁抗日根据地时，积极组织正规军、游击队和民兵相结合的游击集团，实行主力地方化，并组建大量武装工作队，实行“敌进我进”，向敌占区的城镇据点和交通线出击，在被动中争得主动，挫败日伪军的“蚕食”和“扫荡”，巩固和扩大了抗日根据地。同时多次反击国民党顽固派军队对根据地的进犯。1943年9月赴延安，参加整风运动。1945年6月被选为中共第七届中央委员，后回到晋冀鲁豫根据地，领导全区军民举行对日大反攻。

解放战争时期，历任晋冀鲁豫军区、中原军区、第二野战军司令员。1945年9月起与政治委员邓小平组织指挥上党战役和邯郸战役，沉重打击了向解放区进攻的国民党军，粉碎了国民党军控制晋东南和打通平汉铁路的企图。1946年6月蒋介石发动全面内战后，与邓小平率主力部队开赴冀鲁豫前线，以大踏步进退的运动战，在10个月内连续组织陇海、定陶、巨金鱼和豫北等9个大规模的战役，歼灭和钳制大量国民党军，解放大片地区，有力地配合其他战场击破国民党军的全面进攻。1947年6月，根据中共中央关于由战略防御转入战略进攻的指示，与邓小平率12万大军突破黄河河防，组织指挥鲁西南战役。随即远离根据地，进军大别山，深入敌腹心地区，依靠群众，立足生根，并多次打破敌人重兵围攻。9月起与进军豫皖苏的陈（毅）粟（裕）野战军和进军豫西的陈（赓）谢（富治）集团密切协同，在江淮河汉之间大量歼灭敌人，经过10个多月的艰苦作战，扩大了中原解放区，迫使国民党军陷于被动地位，对扭转全国战局起了决定性作用。1948年11月起，根据中共中央军委决定，与陈毅、邓小平、粟裕、谭震林组成中共淮海前线总前委，统一指挥华东、中原部队进行淮海战役，取得战略决战的重大胜利。1949年4月，他与总前委其他领导人一起指挥渡江战役，并直接指挥第二野战军解放皖南、浙西、赣东北、闽北的广大地区。同年冬，指挥第二野战军主力和第四野战军一部，在第一野战军一部配合下进行西南战役，执行远距离迂回包围的作战方针，拊敌侧背，断敌逃路，解放四川、云南、贵州、西康四省。1949年12月，任西南军政委员会主席。

1950年冬，他领导组建人民解放军军事学院，任院长（后兼政治委员）。1954年起先后任中央人民政府人民革命军事委员会副主席，国防委员会副主席，军委训练总监部部长。1957年9月任高等军事学院院长兼政治委员。1958年因所谓教条主义受到错误的批评。1959年后还曾负责中共中央军委战略研究工作。他一贯主张"治军必先治校"。在院校工作中坚持以理论和实践相结合的思想指导教学和学术研究，在继承和发扬人民解放军优良传统的基础上学习外军的先进经验。他组织大规模的教材编写和翻译工作，亲自撰写、审定和翻译了一批军政教材。积极建设又红又专的师资队伍，团结教育旧军官出身的教员。重视合同作战的训练，并陆续开设海军、空军、炮兵、装甲兵等系，为后来建立各军种、兵种指挥院校和形成比较完整的军事院校体系

刘伯承

奠定了基础，为建设现代化、正规化革命军队培养了德才兼备的中高级干部。1955年被授予中华人民共和国元帅军衔和一级八一勋章、一级独立自由勋章、一级解放勋章。他是中共第八届至第十一届中央政治局委员。1966年1月起任中共中央军委副主席。他还是第二届至第五届全国人大常委会副委员长。1982年后，由于年龄和健康原因辞去党政军领导职务。1986年10月7日在北京逝世。

刘伯承在长期的战争环境中攻读古今中外军事名著，学习和研究马克思主义军事理论，运用于中国革命战争的实践之中。他对于游击战、运动战、阵地战和司令部工作等都有独到的论述。其作战谋略和指挥艺术是毛泽东军事思想的重要组成部分。他的主要军事论著收入《刘伯承军事文选》(1982)。另有《合同战术》(1942)、《论苏军合围钳形攻势》(1949)等大量译著。

(李曼村　宋科)

（摘自《中国大百科全书：军事Ⅰ》，中国大百科全书出版社1989年版，题目编者拟）

# 编辑手记 /王媛

“红军是咱们的亲兄弟，长征不怕路途遥；索玛花儿一朵朵，红军从咱家乡过，红军走的是革命的路，革命的花儿开在咱心窝……”大型音乐舞蹈史诗《东方红》的这首《情深意长》歌曲，唱出了彝族人民对红军深深的爱意。

红军渡过金沙江后要继续北上，面对两条路的选择：一条经登相营、越西到大树堡，这是大路；另一条是穿过彝族区，经冕宁、大桥、拖乌到安顺场。国民党认为红军不敢过凉山彝区，在大路重重布防。歌曲反映的就是红军长征途经川西凉山彝族区，红军将领刘伯承与彝族人首领小叶丹在彝海子边，歃血结盟的历史。许多人都听过“彝海结盟”的故事，但是对于真实的历史细节却未必了解多少。带着一颗好奇的心，我开始搜集资料，试图为大家集中呈现更多的历史真相。

由于编入文章所写年代跨度比较大，从20世纪30年代至今，关于人名、“夷”的用法等方面需要读者注意。因人名是彝族的名字，所以在不同的文章里，虽然是同一个人名，谐音相同，但是用字却不同，比如“沙马尔各”“沙马尔格子”是同一个人。“夷民”是历史上的歧视性称谓，现改为“彝民”，“沽鸡”现为“果基”。本书的主角之一“果基小叶丹”，有作“古鸡小叶丹”或“沽鸡小叶丹”，“中国夷民红军沽鸡支队”旗帜上的字，现在改为“中国彝民红军果基支队”。

小叶丹生前嘱咐自己的妻子，一定要把刘伯承交给的“中国彝民红军果基支队”的红旗保管好，等刘伯承司令员回来，亲手交给他。小叶丹的妻子把红旗缝在她自己穿着的裙子的夹层里。现在这面红旗，珍藏在中国人民解放军军事博物馆里。刘伯承曾经说过，彝海结盟是报告了中央决定的，如果不结盟，再推迟三天，蒋介石的重兵就调到大渡河堵住红军，就可能重走石达开的下场了。

即使是当事人的回忆也难免有不准确的地方，带着一丝惶恐，编者希望通过一些专家学者的文章、当事人以及后代的回忆，为读者提供一点线索，仅此而已。